T0203330

Había mucha neblina o humo o no sé qué

CRISTINA RIVERA GARZA

Había mucha neblina o humo o no sé qué

RANDOM HOUSE

El papel utilizado para la impresión de este libro ha sido fabricado a partir de madera
procedente de bosques y plantaciones gestionadas con los más altos estándares ambientales,
garantizando una explotación de los recursos sostenible con el medio ambiente y beneficiosa para las personas.

Penguin
Random House
Grupo Editorial

Había mucha neblina o humo o no sé qué

Primera edición: octubre, 2016
Primera reimpresión: marzo, 2017
Segunda reimpresión: junio, 2017
Tercera reimpresión: junio, 2021
Cuarta reimpresión: mayo, 2024
Quinta reimpresión: junio, 2024

D. R. © 2016, Cristina Rivera Garza

Publicado mediante acuerdo de VF Agencia Literaria.

D. R. © 2024, derechos de edición mundiales en lengua castellana:
Penguin Random House Grupo Editorial, S. A. de C. V.
Blvd. Miguel de Cervantes Saavedra núm. 301, 1er piso,
colonia Granada, alcaldía Miguel Hidalgo, C. P. 11520,
Ciudad de México

penguinlibros.com

ISBN: 978-607-314-947-1

Impreso en México – *Printed in Mexico*

A lrg

Lo que nos pertenece

The names that we speak are no more our names than the words that enter our ears and flow through our veins, on loan from the past, interest due at the dawn of each day, though not to the Collector who claims to represent us in the court of public discourse but to the Collector we become when we start to collect what belongs to us by right of our care in and for the world.

CHARLES BERNSTEIN,
"State of the Art", *A Poetics,* 8

; casi se oyen los goznes de la tierra

que giran

que giran   que giran

enmohecidos

Del latín *tectum* y éste a su vez del verbo *tegere* —recubrir, cubrir, proteger—, el techo resguarda y encubre a la vez. La diferencia entre el amparo y la intemperie es, en efecto, esa línea delgada, con frecuencia horizontal, que es el techo. Cuando se abre un boquete en el techo, cuando el techo se cae, cuando lo único que queda sobre nuestras cabezas es apenas un mediotecho, entonces es posible ver hacia afuera —esa parvada de tordos, por ejemplo— pero también hacia adentro. Lo oculto sale a relucir. Lo privado se vuelve atrozmente público. La intimidad del cuerpo queda así en plena conexión con la vida de los astros y de las plantas y de las máquinas. Cuando el techo se resquebraja entramos en contacto con todo y todos: nos volvemos pura vida exterior.

¿Qué queda cuando el techo se abre? El cielo, claro está. Unas cuantas nubes desmenuzadas por el viento. La estrella de la tarde. La luna. ¿Y cuando el cielo se abre?

¿Y cuando la noche?

Queda la neblina, quizá. O el humo. O no sé qué.

He seguido la vida y la obra de Juan Rulfo ya por mucho tiempo. Inicié de muy chica, leyendo uno de los libros que acabaría por marcarme de múltiples maneras —*Pedro Páramo*—, y he continuado hasta hace muy poco, espulgando archivos, viajando por las carreteras de sus propios itinerarios, escalando sus montañas, leyendo tesis, hablando con la gente que ahora vive en los lugares que lo obsesionaron, cotejando reportes de trabajo, dictámenes varios. Me interesaba, quiero decir, lo que a todo mundo le interesa de Rulfo, que es su escritura, pero todavía algo más: la materia de sus días como escritor. No toda su vida cotidiana —sobre la que ya hay varios y muy buenos libros— sino las condiciones materiales que hicieron posible que un hombre nacido en 1917 en la provincia mexicana pudiera ganarse la vida escribiendo o para escribir. Tengo la impresión de que este libro es mi esfuerzo por contestar aquella intrigante provocación que lanzara Ricardo Piglia en uno de sus ensayos de *El último lector,* ése en el que aseguraba que la verdadera historia de la literatura se escondía en los reportes de trabajo de sus escritores. En efecto, entre vivir la vida y contar la vida hay que ganarse la vida.[1]

¿Y es ganarse la vida sinónimo aquí de merecerse esa vida? Tal vez.

Rulfo trabajó, y mucho, en proyectos neurálgicos para la modernización mexicana de mediados del siglo xx. La suya fue una vida marcada por el así llamado Milagro Mexicano de corte alemanista, una época en la que no sólo le tocó vivir, sino que contribuyó a fraguar, primero como empleado de una compañía trasnacional de llantas —la Goodrich-Euzkadi— que en mucho participó de la incipiente industria del turismo, nunca una fuente menor de ingresos públicos. Años después, ya publicados los dos libros que le dieran tal notoriedad, se convirtió en asesor e investigador de la Comisión del Papaloapan, ese organismo federal cuya función fue allegar los recursos naturales de la zona del sur de México al mundo, mismos que hasta antes estuvieron circunscritos por un río de aguas broncas. Ya fuera tomando fotografías celebratorias de la modernidad alemanista —que luego se convertirían en objeto de culto artístico—, o ya describiendo las condiciones de vida de pueblos indígenas de tal forma que justificara los esfuerzos del gobierno por desalojar comunidades enteras de chinantecos y mazatecos de las regiones designadas para albergar la presa

[1] Ricardo Piglia, *El último lector,* México, Anagrama, 2005.

Miguel Alemán, pieza central de los trabajos de la Comisión del Papaloapan, Rulfo utilizó sus muchas habilidades para ganarse la vida y, así, legitimar y cuestionar al mismo tiempo el proceso modernizador del que resultarían las grandes metrópolis y el tipo de existencia veloz y mecánica que terminaría dando al traste con la vida rural de la que tanto se hizo su obra. Antes de sus libros, las llantas sobre la carretera; después de sus libros, los trabajos de la comisión: dos empleos de enorme importancia a nivel personal y a nivel social. Sigo con la impresión de que el mundo del novelista continúa sosteniéndose sobre los cimientos de estos dos empleos. La estética va de la mano de la vida cotidiana, y del pie, también, de la política. ¿Es posible concebir la producción de una obra y la producción de una vida sin que una esté supeditada a la otra? Supongo que escribir un libro sobre o alrededor de un autor es, también, investigar los muchos poros a través de los cuales esa obra y esa vida se entendieron, o se medio entendieron, o se entendieron mal. Después de todo, si los autores supieran a ciencia cierta qué les pasa, o cómo y por qué les pasa lo que les pasa, no tendrían necesidad alguna de escribir libros.

Había leído su obra literaria ya en muchas ocasiones antes de hacer un viraje hacia su vida laboral. Años atrás, tal vez al inicio de todo esto, había escrito un cuento de un jalón un 7 de enero: "El día en que murió Juan Rulfo".[2] Más tarde, reescribí, incluso, *Pedro Páramo,* palabra por palabra en un blog personal, convirtiendo capítulos enteros de la novela en estrofas de versos libres y villanelas o transformando párrafos específicos, a través del tachado o el uso estratégico del color, en pálpitos apenas de sí mismos, sostenido únicamente por los signos de puntuación.[3] Me había divertido,

---

[2] El cuento forma parte de *Ningún reloj cuenta esto,* México, Tusquets, 2005.
[3] Véase el blog Mi Rulfo mío de mí: <https://mirulfomiodemi.wordpress.com>.

tengo que aceptarlo. Tuve el placer o el desparpajo —o el placer debido al desparpajo— de escribir palabra por palabra un texto escrito para siempre por Juan Rulfo. Una Pierre Menard cualquiera. Una escribana. Y decir "una transcriba" suena muy parecido a decir "una tránsfuga". Pero de tanto merodear esas palabras surgió la curiosidad. Y la curiosidad, en este caso, no mató a gato alguno, sino que me condujo a los caminos que recorrió Rulfo en Oaxaca, y luego al Archivo Histórico del Agua de la Ciudad de México, y más tarde a husmear entre los periódicos de la hemeroteca. Había estado en sus palabras pero ahora quería, válgame, estar en sus zapatos. Y si eso no es amor, ¿entonces qué es?

Llegué a Oaxaca a inicios del invierno. Sabía que Juan Rulfo había pasado temporadas ahí, viajando en coche sobre las recién asfaltadas carreteras o avanzando en el lomo de algún burro o caballo por veredas escarpadas. Con más frecuencia, caminaba. Imaginaba sus zapatos: ¿qué tipo de zapatos para subir esta montaña? Imaginaba la sed. Y la pausa, ahí, bajo la sombra de un pino. ¿Experimentó la misma plenitud carnal, la misma silvestre felicidad al meter las manos en el agua fría del pozo cuando parecía que la garganta le quemaba? Imaginaba el cielo azul, limpísimo, que cubría, de hecho, mi cabeza, porque recordaba lo que no viví en lugar de mirar lo que estaba ahí. Hacía las dos cosas en realidad: recordar lo que no viví y observar de cerca, a través de los lentes para miope, lo que estaba en efecto ahí. Uno nunca está solo en la montaña.

Ese invierno de soles intensos y buganvillas en flor llegué a Luvina después de dejar atrás una carretera de cerradas curvas bordeadas por bosques tupidos, y después de avanzar, más tarde, por caminos de tierra. Allá, a lo lejos, ese pueblo encaramado en la punta de una loma, al final de un camino que bajaba o subía, dependiendo de si uno iba o regresaba, refulgía San Juan Luvina. Y nunca como en ese momento estuve segura de encontrarme tan cerca, apenas a unos pasos, de Comala. La sensación de que bastaba extender la mano para tocarla. Ese tipo de cercanía. Si era cierto que el cuento "Luvina" contenía ya, literariamente hablando, a *Pedro Páramo* como una nuez, ahora me quedaba claro que lo mismo podía decirse de su geografía. Atrás de esa puerta de alambre que abrió, cual debe, un arriero, comenzaba su milagro. Esto era un pequeño pueblo de orígenes zapotecos encaramado en los picos de una montaña de la sierra Juárez y era también, ¿cómo no iba a serlo?, un planeta entero con todo y su flora y su fauna, su orografía y su metalurgia, sus eras geológicas y su futuro cósmico.

Fue ahí, en compañía de Matías Rivera de Hoyos y de Saúl Hernández Vargas, no sólo un conocedor sino un verdadero amante de su estado, donde saludé por primera vez a Reyna. Felipa Reynalda Bautista Jiménez, en realidad. Estábamos en los patios de la iglesia, husmeando, cuando ella llegó para organizar una lectura de la Biblia con otras mujeres del lugar. No recuerdo si fue ella la que nos saludó o si todo sucedió al contrario, pero tan pronto como le mencioné el nombre de Juan Rulfo, sonrió. Claro que lo conocía. Era ese señor que había dicho muchas mentiras del lugar donde ella vivía, ¿no era así? El lugar donde vivía era algo de lo que quería hablar. Su historia. Sus contradicciones. Sus luchas. Sus victorias. Sus problemas. Su presente. ¿Sabía yo que San Juan Luvina estaba la mitad en Oaxaca y la otra mitad en Los Ángeles? Los datos del censo que ella se encargaba de recabar y de anotar a mano en una libreta escolar así lo confirmaban. Encontré a su hijo, Fernando Bautista, en un suburbio de Los Ángeles meses después, en efecto. Santa Mónica. La playa. La conversación, que ha durado meses y hasta años, continuó así. Visitas de cuando en cuando. Llamadas por teléfono. El 1° de enero de 2015 me sorprendió su voz desde lejos. Quería saber si todavía podía decirme más. Quería saber si ya terminaba. Su libro.

Recorrí, también, otros caminos de Oaxaca; los caminos de la sierra norte, por ejemplo. En auto, también, sobre el pavimento desigual de las carreteras; y a pie. La respiración agitada como prueba de ¿qué? Gracias a la invitación de Tajëëw Díaz Robles subí hasta la cima del Zempoaltépetl, la montaña sagrada de los mixes, un verano. Iba en compañía de la familia Hernández Jiménez, que celebraba, de esta manera, la veintena de un recién nacido: Tum Et. Iba, también, con el fantasma de Juan Rulfo que, alpinista consumado, lo había hecho antes, tanto tiempo atrás. Esto: subir; escalar. Esto: escuchar el murmullo incesante del habla de los mixes y beber traguitos de mezcal con tal de aguantar el paso. Esto: quedarse sin palabras allá en lo alto. Uno no puede sentir lo sentido por otro, eso es cierto. Pero uno puede estar ahí, en ese sitio compartido, y sentir lo propio.

Encontré un montonal de cosas en todos esos sitios: las montañas, los archivos, las bibliotecas. Hubo cosas que me confirmaron lo que sabía o intuía, y cosas que vinieron a darme una versión muy diferente tanto de mi conocimiento como de mi deseo. Mientras caminaba y perdía el aliento, mientras tocaba el mundo con los pies, mientras descubría y escribía, especialmente mientras reescribía, tuve que aceptar que exploraba, sobre todo, un planeta: 1. m. *Astr.* Cuerpo sólido celeste que gira alrededor de una estrella y que se hace visible por la luz que refleja. En efecto, cuanto más sondeaba la topografía y tentaba los relieves de este sólido celeste, más entendía que los libros crean lazos de reciprocidad con el mundo que sólo pueden confirmarse en o a través del cuerpo. No me costó trabajo admitir que no investigaba una vida sino dos: la de Juan Rulfo, en efecto, pero también la mía. El pasado, sí; pero sobre todo el presente, más que el futuro. Tampoco tuve problema alguno en aceptar que escudriñaba el país de entonces, el suyo, pero también este país trémulo por cuyo esqueleto iba avanzando a tientas, a veces con temor, siempre con curiosidad. Ésta, en todo caso, no era la vida de Juan Rulfo como realmente había acontecido (estoy citando de memoria una de las tesis sobre la filosofía de la historia de Walter Benjamin) sino como se me aparecía ahora a mí, como la inventaba ahora en mí, en este momento de peligro.

¿Y es eso en realidad el amor? Nunca lo conocí. No fui su alumna; no coincidí con él en librería alguna; nunca tomamos café juntos. No tengo registro alguno de su voz; jamás aspiré el humo de sus cigarrillos. No conocí a su familia en estos tantos años de merodeo en sus papeles, y tampoco la busqué. Tengo que confesarlo ya: mi relación con Juan Rulfo es una de las más sagradas que existen sobre la tierra: una lectora y un texto. Nada más; nada menos. Pero la lectura, como se sabe, es una relación horizontal y abierta. Aún más: la lectura es una relación de producción y no una de consumo. La lectura es imaginación, ciertamente, o no es. O no será. Éste es, luego entonces y sin duda, un Rulfo mío de mí. ¿Con qué derecho lo hago mío? Me lo he preguntado tantas veces en relación con todo lo que vivo y leo y escribo. Y me lo respondo ahora, apropiada o inapropiadamente, con las palabras de otro: con el derecho que me da el cuidado que he puesto en y por su mundo. Charles Bernstein, quien hablaba de la relación entre el poeta y el lenguaje y el mundo cuando colocaba estas palabras unas tras otras, tenía razón. Uno se vuelve coleccionista de lo que le pertenece por el derecho que le da el cuidado que ha puesto en y por el mundo.

Tuve que reescribirlo porque no conozco otra manera de decir quiero vivir dentro de ti. Quiero traerte aquí, conmigo. Aquí. Algunas de las frases de Juan Rulfo, muchos de los pasajes de sus cuentos, otros tantos personajes de su novela, han sido punto de partida de escritos que, siendo en sentido estricto míos, son también de otro. Me sigue llamando la atención, por ejemplo, aquel mediotecho bajo el cual una mujer incestuosa le ordenó a un viajero muerto de miedo que se acostara con ella. ¿Cómo es que ningún otro escritor o escritora mexicana de su tiempo tocó con tanto aplomo y más naturalidad el tema del aborto o la menstruación? Encuentro del todo intrigante que un personaje siga sosteniendo a lo largo del tiempo, aunque todavía dentro de un ataúd, que Dorotea o Doroteo da lo mismo. Mi Rulfo bien *queer.* Éstos son varios de los fulgores, algunas de las estrellas fugaces, o unos aromas, que han atraído y atraen mi atención, y a los que sigo o reconfiguro, a veces literalmente, en estas páginas. Esto es lo que queda, al menos para mí, cuando el techo se abre al cielo y el cielo se abre a la noche. Un cuerpo sólido celeste que refleja algo de luz. Una neblina tenue que lo transforma todo bajo su velo. Algo de humo. Quedamos nosotros —estos lectores, estos textos— unidos por la imaginación, que es la lectura. Unidos en el deseo. Que es la escritura.

Pocas cosas me quedan en claro después de andar esculcando las cosas de Juan Rulfo. A ratos me da la impresión de que Rulfo no realizaba todos estos trabajos de los que dependía la vida propia y la de su familia sin darse cuenta de la magnitud —económica, cultural, política— de los proyectos con los que colaboraba. En otros momentos tengo la impresión de que no los llevaba a cabo, tampoco, sin enfrentar los hondos dilemas éticos de toda una época. Modernización, ¿pero para quién? Mejoría y progreso, ¿pero de acuerdo con los estándares de quién? Rulfo era un escritor; sin embargo, no un ideólogo. Eso es lo que me digo. Rulfo era un padre de familia, no un diputado ni un pastor. Esto también me lo repito. Luego lo increpo. Después lo entiendo. Al rato hago las paces con él. Tengo, como se puede ver, pocas cosas claras que ofrecer. Mucho me temo que las vidas de a de veras son así.

El tiempo ha pasado y el país no es el mismo. ¿Pero es cierto esto? A veces me parece que hay demasiadas semejanzas entre la imposición vertical de esos proyectos modernizadores que articularon la economía mexicana con la mundial a lo largo del siglo xx —desde la sustitución de importaciones durante la Segunda Guerra Mundial hasta el así llamado Milagro Mexicano— y las reformas económicas y energéticas impuestas ahora por un régimen neoliberal que involucra por igual al Estado mexicano y a esa gavilla de capitalistas salvajes que solían ser conocidos como *narcos*. Demasiadas continuidades, en efecto, y algunas discontinuidades también. Tal vez no es pura casualidad que, al responder algunas preguntas sobre el carácter violento de ciertas poblaciones de México, Rulfo haya hecho hincapié en algunas de las mismas zonas que atestiguan y sufren la violencia de una guerra desatada hoy por el Estado mexicano: "En realidad, casi toda la tierra caliente del país es violenta. Ahora, nada más se ha quedado concentrada en el estado de Guerrero. Pero antes, Michoacán, Jalisco, otros estados, los sitios por donde cruza la tierra caliente eran zonas de mucho conflicto".[4] La violencia que azota al país, y que toca sin duda cada rincón de la geografía y de los cuerpos, da cuenta del horrorismo de un régimen que se ha separado de su ciudadanía.[5] Tal vez este libro esté más cerca del presente de lo que yo misma imagino.

No habría podido llevar a cabo la investigación que dio lugar a este libro sin el apoyo de las siguientes instituciones: una beca del Sistema Nacional de Creadores Artísticos; un año sabático de la Universidad de California, San Diego (UCSD); dos residencias artísticas en el Centro de las Artes de San Agustín Etla (CASA); una residencia artística en la Universidad de Poitiers; una residencia en el IPEAT de la Universidad de Toulouse. Tampoco habría podido adentrarme en el tiempo y el espacio de este planeta Luvina sin haber conocido a Saúl Hernández Vargas, quien me presentó a Yásnaya Elena

[4] Reina Roffé, *Juan Rulfo. Autobiografía armada,* Barcelona, Montesinos, 1992, p. 12.

[5] Adriana Cavarero, *Horrorism: Naming Contemporary Violence,* Nueva York, Columbia University Press, 2011.

Aguilar Gil, por quien conocí a Tajëëw Díaz Robles, tres devotos de caminos y bosques y comida y lenguajes de Oaxaca.

Uno rara vez sabe para qué o para quién escribe, eso es cierto. Pero si en un futuro no muy lejano Et Tum Hernández Jiménez y Carmen Cardoso Pacheco pudieran leer estas páginas —tanto las escritas en español como la sección que Luis Balbuena tradujo al mixe, su lengua materna— sentiría que este libro ha logrado tender un puente en el mundo. Del mismo modo, si Matías Rivera De Hoyos leyera este libro y, al leerlo, recordara su adolescencia nómada en caminos de México y Estados Unidos como parte de una tribu cada vez más amplia, me sentiría profundamente agradecida. Por eso este libro no sólo está dedicado a mi hermana, Liliana Rivera Garza (1969-1990), sino también a ellos tres.

SE LLAMA DE ESTE MODO
Y DE ESTE OTRO

Entre 1953 y 1955 Juan Rulfo publicó su obra completa: dos libros escuetos con los que habría de transformar la literatura mexicana del siglo xx. Esto es verdad. Otra manera de decir lo mismo diciendo otra cosa sería la siguiente: entre 1953 y 1955 Juan Rulfo publicó la parte literaria de una obra completa que también incluía, y eso de manera fundamental, la fotografía y la edición: dos libros escuetos con los que habría de dar cuenta de las transformaciones registradas en la narrativa de mediados del siglo xx en México. Tanto en *El llano en llamas,* su colección de primero quince y, finalmente, diecisiete cuentos, como en su novela *Pedro Páramo,* Rulfo produjo textos hasta ese momento inconcebibles dentro de cierta tradición más bien oficialista de la narrativa nacional: una novela realista, cuando no costumbrista y hasta viril —para utilizar los adjetivos de su tiempo—, que seguía obsesionada por el fenómeno social y cultural de la Revolución mexicana de 1910. Sin embargo, tanto *Pedro Páramo* como *El llano en llamas* también fueron textos concebibles, acaso *naturales,* dentro de otro flujo narrativo —más secreto y subalterno e incluso vanguardista— que, partiendo de preocupaciones enraizadas en el debate histórico de la gesta revolucionaria pero producidas durante los embates de la primera modernización de mediados del siglo xx, configuró una enunciación propia de la modernidad mexicana. A esta enunciación no pocos la calificaron de *extraña.*

LA *IMPERMEABILIDAD* SUGIERE EXTRAÑEZA, EXAGERACIÓN, DISTRACCIÓN, DIGRESIÓN, INTERRUPCIÓN, TRANSGRESIÓN, FRACTURA, FRAGMENTACIÓN, DECORACIÓN, ROCOCÓ, BARROCO, CAMP, ESCEPTICISMO, DUDA, RESISTENCIA.

I

PROMETERLO TODO

afuera, en el patio, los pasos, como de gente que ronda

When we drive, we activate subjectivity and a multiplicity of partial consciousnesses connected to the car's technological mechanisms. There is no "individual subject" that says "you must push this button, you must press this pedal". If one knows how to drive, one acts without thinking about it, without engaging reflexive consciousness, without speaking or representing what one does. We are guided by the car's machinic assemblage. Our actions and subjective components (memory, attention, perception, etc.) are "automatized", a part of the machinic, hydraulic, electronic, etc., apparatuses, constituting, like mechanical (non-human) components, parts of the assemblage. Driving mobilizes different processes of conscientization, one succeeding the next, superimposing one onto the other, connecting or disconnecting according to events. Often as we drive we enter "a state of wakeful dreaming", a "pseudo-sleep", "which allows several systems of consciousness to function in parallel, some of which are like running lights, while others shift to the foreground".

MAURIZIO LAZZARATO, *Signs and Machines.*
Capitalism and the Production of Subjectivity, 89

Y tú sabes que el estarse sentado y quieto le llena a uno la cabeza de pensamientos. Y esos pensamientos viven y toman formas extrañas y se enredan de tal modo que.

JUAN RULFO, *El aire de las colinas*

En el futuro, cuando ya no quede ni rastro de este viaje, cuando ésta sea sólo otra carretera más y el cielo, este mismo cielo, se haya extinguido del todo, quedará una nota. Unas cuantas palabras apenas. Un puñado de letras.

Dirá: "Realiza el recorrido de la primera Carrera Panamericana de autos —desde Ciudad Juárez hasta el Ocotal en la frontera con Guatemala—; reparte la guía turística de la Goodrich-Euzkadi entre los comités estatales de seguridad".[1]

El año: 1951.

Alguien las leerá; esas palabras. Y las anotará en un cuaderno, como si anotarlas en un cuaderno de alguna manera les diera mayor solidez, lo que algunos llaman, y llamarán entonces todavía, estoy segura, mayor realidad. Como si el escribirlas de la mano propia les diera peso, quiero decir. El peso del cuerpo, inclinado sobre la mesa o el escritorio. El peso de la mano alrededor del lápiz, empuñando. Y las llevará consigo, esas palabras, en un bolsillo o en algún otro lugar cerca del esqueleto, para ir digiriéndolas o saboreándolas. Para ir entendiéndolas, se dice, cuando en realidad se quiere decir: para ir imaginándolas. Uno necesita tiempo para imaginar. Sólo eso. La primera Carrera Panamericana se celebró en 1950. El 5 de mayo de 1950, para ser más exactos. *Un portento de velocidad.* Desde Ciudad Juárez a Chihuahua, de Chihuahua a Durango, de Durango a León, de León a la Ciudad de México, de la Ciudad de México a Puebla, de

---

[1] Roberto García Bonilla, *Un tiempo suspendido. Cronología de la vida y la obra de Juan Rulfo,* México, Conaculta, 2008, p. 123.

Puebla a Oaxaca, de Oaxaca a Tuxtla Gutiérrez, de Tuxtla Gutiérrez al Ocotal, en efecto. De frontera a frontera. De punta a punta de ¿qué? Pues de punta a punta de un país. Un poco más de 3 mil kilómetros en cinco días de velocidad y polvo, curvas, aplausos, accidentes, fotografías, muerte. ¿Cuánto se puede callar en cinco días por carretera? En cinco días por carretera se puede callar uno una eternidad.

Y uno calla.
Encalla.
¿Y qué otra cosa es la necedad?

Alguien, desde el pasado, le pregunta, tal vez ahora mismo, al futuro: ¿me imaginará con la mirada fija a través del parabrisas, los dedos alrededor del volante, sudorosos; el brazo izquierdo recargado sobre el espacio de la ventanilla abierta? ¿Imaginará el aire que hace trizas el humo que sale de la punta roja del cigarrillo? ¿Sabrá que sólo a veces uso corbata? ¿Imaginará estos espejismos que aparecen, mercuriales y deformes, al final del camino?

Y alguien, desde el futuro, tal vez ahora mismo, imaginará. Ciertamente. La palabra *uno* que es singular pero que pertenece, en sentido estricto, a otro. La palabra *uno*, entonces, pero doblada en dos. El lado masculino; el lado femenino. Uno maneja así en la carretera: alerta y desprevenido a un tiempo. Uno coloca los ojos a medias en el horizonte y a medias en el camino, y luego arranca. Las llaves, el ruido de las llaves. El roce de las puntas de las llaves contra los muslos; las rodillas. El asiento abullonado. El *clutch*. Los cambios. Primera. Luego, segunda. El ensamblaje maquínico del auto. Este estado de pura ensoñación. Tercera. Ciudad Juárez era en 1950 una ciudad de apenas unos 122 mil habitantes. Ya había pasado por ahí la Revolución, dándole fin al Porfiriato a través de los famosos tratados de Ciudad Juárez del 21 de mayo de 1911. Y, aunque todavía faltaban muchos años para que se convirtiera en una de las ciudades más peligrosas del mundo, una especie de estación terrestre del infierno según muchos, ya había triplicado su población sólo en una década gracias al paulatino pero irreversible establecimiento de maquiladoras y otras plantas de ensamblaje a lo largo de la frontera. Una mete tercera. Uno piensa: Paso del Norte. ¿Qué hace esa mujer a las orillas de la gasolinera? ¿Qué hace una mujer con pañoleta de lunares y un neceser colgando de las manos juntas a las orillas de una gasolinera justo al inicio de la carretera federal 45 en esto que todavía se llama Ciudad Juárez? *El tiempo es su enemigo: el coche, su aliado; el camino, su problema.*

Alguien, desde el pasado, tal vez ahora mismo, insistirá: ¿es una mujer? ¿Será una mujer la que me imagine así, en el futuro?

Usted ha de pensar que le estoy dando de vueltas a una misma idea. Y así es, señor.

Dar. De. Vueltas.
Soñar despierto o despierta, da lo mismo.
Suspender es un verbo, pero bien podría ser una nube.

Iba a seguirse de largo, pero regresa. Súbita vuelta en *u*. El chirriar de las llantas sobre el asfalto. ¡Pero qué se cree esa mujer! Todavía está ahí, a las orillas de la gasolinera, como si esperara a algo más que a alguien: los dedos entrelazados alrededor del asa de un antiguo neceser, el suéter oscuro pegado al cuerpo, los tacones bajos. ¿No sabe que terminará muerta? Es difícil ver el mundo desde un auto en movimiento. Es difícil decidir.

—Usted no debe andar sola por aquí —dice cuando ya ha terminado de bajar la ventanilla. El cuerpo envuelto en un traje gris ahora extendido, casi completamente horizontal, sobre el asiento delantero del auto. La incomodidad. O el ridículo.

—Pues usted tampoco.

El eco de la voz. El viento de la mañana. Y el sol. Inclemente, el sol. Hace apenas unos meses, poco más de un año, todo esto retumbaba con la algarabía de la carrera. Los altavoces y los aplausos. El vértigo. La muerte. La gran Carrera Panamericana. ¿De quién habrá sido la idea de enviar otra vez al agente de ventas a la misma ruta de la carretera y hacer el recorrido original, que era en todo caso en sentido contrario a la carrera de ese segundo año? Pero todo se olvida; todo queda atrás. Todos nos distraemos alguna vez. Y un día, un buen día, nada de esto importará.

—Súbase —ordena y suplica al mismo tiempo. La puerta abierta, tan pesada como voraz. El cuerpo recostado y absurdo sobre el asiento. El momento de no volver atrás.

Suspender es un verbo, pero bien podría ser la máquina que avanza a toda velocidad sobre la carretera. Un ensamblaje en movimiento. Toda una era.

Cuando ya nada de esto importe, cuando el viaje haya desaparecido de la memoria propia y de la ajena, quedará un número: 145358. Y quedará, tal vez, la fotografía de un hombre joven, de mirada directa y boca cerrada —como le corresponde a los gestos y las posturas de las identificaciones oficiales—, en el lado derecho de una vieja licencia de manejo.

El nombre: Juan N. Pérez V. La fecha de expedición: 17 de julio de 1946. El lugar: Ciudad de México. Una firma.

—¿Desde dónde viene?

—Desde allá.

—¿Y dónde es allá?

—No, pues otro mundo.

—¿Dónde es esto y dónde es aquello?

—Sí, allá. En efecto.

El paisaje está hecho de puro cielo. Matorrales secos y cielo. Aridoamérica. Labrar eso.

—Bonito coche —dice y estira el brazo, tocando el toldo. Desprevenida, la risa. La línea estricta de la tráquea bajo la piel suave del cuello. Los rizos sueltos. Al toldo también se le conoce como cielo.

—Es de la empresa —murmura. *El camino es mi problema. El tiempo, mi enemigo. El coche: mi aliado*—. Es de la fábrica —confirma al final.

Usted está aquí

Ángel Urraza tomó una decisión peculiar cuando llegó a México procedente de Vizcaya unos cuantos meses antes de que estallara esa serie de conflictos armados a los que se les denomina la Revolución mexicana de 1910. En lugar de quedarse en la capital del país, como habían hecho o harían después tantos inmigrantes, él se mudó a la Comarca Lagunera, en el norte de la República. En efecto, durante los años turbulentos de la Revolución, Ángel Urraza se empleó primero como trabajador agrícola en la hacienda de Santa Teresa, propiedad de Rafael Arocena, otro vasco. La suerte le sonrió entonces. La comunidad de exiliados. No sólo logró evadir las reglas del general Francisco Villa cuando ordenó la expulsión de todos los españoles de la región, sino que pronto, para

1921, formaba parte ya del pequeño grupo de inversionistas que dio origen a la Compañía Mercantil Agrícola José Larrea y Co. Al año siguiente, ya con los nombres de Teodoro Arocena, Fernando Rodríguez, José Larrea y Edmundo Flores, se formó la Compañía Agrícola Lequeitio. Con ese mismo grupo, y un capital social de 250 mil pesos, Ángel Urraza fundó en 1927 la Sociedad Industrial Euzkadi, Compañía Manufacturera de Artefactos de Hule, S. A., la cual se ubicó en poco más de 7 mil metros cuadrados en el oriente de Torreón, capital del estado norteño de Coahuila.[2]

Ya desde 1895 Michelin había logrado fabricar la primera llanta neumática desmontable con cámara, pero no fue sino hasta 1925 cuando Hulera El Popo hizo lo mismo en México; distribuyó en el mercado el modelo Popo Cord, gracias a la cooperación tecnológica de General Tire & Rubber Co., una empresa norteamericana. La Compañía Agrícola de Lequeitio, que se inició como productora de algodón, un poco más tarde se inmiscuyó con bastante éxito en la industrialización del guayule, o resina de hule, que compraban a la compañía La Continental. Hacia 1928, su socio en la Ciudad de México adquirió tres terrenos en el noroccidente de la capital: 18 mil metros cuadrados que antes pertenecieron a la Hacienda de los Morales en Tacuba; 646 metros cuadrados adquiridos de la compañía La Verónica, y un poco más de mil metros cuadrados en la colonia La Verónica, también por el rumbo de Tacuba. Así, a inicios de 1929, habiendo sido ya nombrado gerente de la fábrica, Ángel Urraza se trasladó a la Ciudad de México.

Su actividad fue febril y su instinto para los negocios grande. En apenas unos tres años, en 1933, Euzkadi logró asegurar un contrato de colaboración técnica con la B. F.

[2] Véase "Euzkadi. Una empresa con historia", <http://www.euzkadi.mx/imagenes/historia.pdf>, fecha de consulta 23 de agosto de 2016.
Carlos Herrero, *Los empresarios mexicanos de origen vasco y el desarrollo del capitalismo en México 1880-1950*, México, UAM, 2004, pp. 208-214.

Goodrich, una manufacturera de productos aeroespaciales cuya matriz se encontraba en Akron, Ohio. El modelo de llanta Goodrich-Euzkadi Silverstone 4.75-19 de seis cuerdas fue el primer producto de un acuerdo que resultó exitoso a corto y largo plazos. A la fusión de 65% del capital mexicano, bajo el nombre de Euzkadi, con 35% del capital norteamericano de la B. F. Goodrich, se le denominó Compañía Hulera Euzkadi, una de las primeras empresas con alianzas extranjeras que lograron establecerse con éxito durante el México cardenista. Sus oficinas estuvieron ubicadas desde entonces en la calle Lago Alberto 366, en la colonia Anáhuac de la Ciudad de México.

Pasó a más de 120 kilómetros en esa curva. ¿A usted le gustaría tomar una curva a esa velocidad?

—¿Viene desde otro mundo? ¿Eso dijo? —le pregunta por preguntar algo, queriendo divertirse. Llenar el tiempo es una frase hecha. No se encuentra a una mujer sola con mucha frecuencia en las gasolineras del camino. No se encuentra a una mujer. Menos a una mujer como ésta. El camino. Sola.

—Eso dije, sí —dice y calla. Dice y se vuelve a ver el paisaje a través de la ventanilla. Lo que dirán las rocas entre ellas. La plática que tendrán los órganos con las puntiagudas hojas de los mezquites o el tronco del ocotillo. La gobernadora. La lechuguilla. Luego de pensárselo un poco, añade—: vengo de Siberia.

La risa es una respuesta biológica que raramente se produce en soledad. Aunque se le relaciona con la alegría y la felicidad, la risa también suele aparecer en situaciones de estrés o de franca incomodidad. Hay risas suaves, y hay chasquidos, carcajadas, risotadas. La risa, que es una interrupción de la exhalación del aliento, suele descomponer los rostros. Hay pocas imágenes hermosas de gente sonriendo.

—¿De Siberia, dice?

—Digo, sí —afirma con los ojos muy abiertos—. De Siberia. Y luego vengo de un campamento de refugiados en Irán. Y luego vengo de Nueva Delhi. A México llegamos desde Los Ángeles —enumera con suma facilidad. Los nombres brotan de los labios aprisa pero en orden, casi con gallardía—. Un viaje en tren, muy largo.

Con la práctica se va haciendo más fácil encender cigarrillos y manejar al mismo tiempo. Las volutas de humo. Las voces viajan distancias muy largas. Las voces humanas. Las voces divinas. El origen difuso de su acento.

—Pero antes, antes de todo eso, vengo de Varsovia —anuncia al final. La voz más pequeña. Una alegoría, esa voz. Algo difícil de creer.

—Una vez, ya hace años, recibí a unos exiliados de la guerra. Trabajaba yo en Inmigración. Usted tiene la cara así, como la de ellos —murmura sin dejar de ver hacia el camino que es, en este caso, una carretera.

—¿Güera?

—Como que anda buscando algo que no encuentra —farfulla. Después, en voz más clara, dice—: Y güera, sí. Los ojos tan azules —ver de reojo es una acción escandalosa a veces.

—¿Y qué? ¿La dejó el tren? —le pregunta después de un rato, tratando de retomar la conversación por alguno de sus hilos.

—Un hombre. Me dejó un hombre —le contesta ella. Ningún asomo de tristeza o drama en su voz. Una noticia entre un cúmulo de noticias. Un acontecimiento más.

—¿En medio del camino?

—Sí. Ahí justo. En el En Medio.

—A mí se me hace que usted mató a alguien —lo enuncia como si no se diera cuenta de que lo está enunciando en voz alta. Como si hablara para sí. Como si la mujer que recogió de la gasolinera de Ciudad Juárez ni siquiera existiera—. A mí se me hace que usted no es de aquí.

Juan N. Pérez V. llegó por primera vez a la Ciudad de México en 1933. Inmigrante dubitativo, provinciano de suerte a medias, se regresó varias veces a su nativo Jalisco, aunque no a Apulco, donde nació en 1917, sino a la ciudad de Guadalajara, la capital del estado. Pero volvió a intentarlo. Lo hizo varias veces más. El impulso inicial del así llamado Milagro Mexicano fue lo que convirtió a Juan N. Pérez V. en un inmigrante más de la Ciudad de México. Ahí, gracias a familiares, entre los que se contaba su tío, el general David Pérez Rulfo, fue encontrando empleos con los que pudo solucionar, aunque sólo temporalmente y a veces, lo que llamó "sus sueldos". No tardó en encontrar distintos empleos en la creciente burocracia mexicana, primero como oficial de quinta en la Secretaría de Gobernación, después como archivista e, incluso, como taquígrafo en la Dirección General de Población. Esos pájaros de alas abiertas sobre el rojo horizonte del renglón: los signos taquigráficos. Una parvada secreta en su vuelo hacia la extinción. El lenguaje de secretarias y oficinistas y jóvenes migrantes de manos escuetas. Para 1938 Juan N. Pérez V. ya había pasado a ser archivista de cuarta en el Departamento de Migración, área en la cual, entre otras cosas, "trabajó en la internación de tripulantes de barcos italianos y alemanes sorprendidos por la guerra en Tampico y Veracruz".[3]

Aunque regresó a Guadalajara en 1941, Juan N. Pérez V. empezó a viajar por el país desde entonces, una costumbre que no abandonaría hasta muy tarde en su vida. Trashumante. Coleccionista de carreteras. Hombre sentado y quieto detrás de las ventanillas, dentro de su cabeza. Soñar despierto es, verdaderamente, una acción. No eran éstos los desplazamientos del turista curioso o del dandi con tiempo libre que estrenaba los caminos asfaltados cuyo eje era la capital del país, sino los viajes oficiales que llevaba a

---

[3] Roberto García Bonilla, *op. cit.*, p. 93.

cabo un joven burócrata en tanto comisionado o inspector del Departamento de Migración a puntos del territorio que eran, y son, puertas de entrada y salida para los flujos migratorios de los tiempos modernos. Un empleado, eso era. Un trabajador a sueldo. *Los agentes de inmigración revisaban los documentos de los extranjeros. Los que estaban ilegalmente en México, los que habían cometido algún delito. Entonces se los buscaba y se les deportaba. Total: una tarea policiaca.*[4] Sí, en efecto, un policía. Juan N. Pérez V. viajó, así, al puerto de Tampico, en el Golfo lleno de chapopote de México, y a Mexicali, la muy calurosa capital del estado de Baja California, en el noroeste. El mismo empleo lo llevó a Puerto Vallarta, San José del Cabo y Ojinaga, entre otros sitios. Paso del Norte. ¿Y no se llamaba así uno de sus cuentos? Sus trayectos por los puntos de contacto exterior de la modernidad mexicana pronto se convirtieron en visitas por zonas señaladas por el crecimiento económico hacia afuera. "Yo iba de un lado para otro desplazándome por el norte de la República", escribió alguna vez.[5]

Y eso era cierto.

—Pare aquí. Ande —la orden surge de la nada. Primero el ronroneo del auto, luego la voz, irrumpiendo. La voz de la mujer.

—Pero aquí, ¿dónde?

—Cerca de ese matorral —lo señala con la punta del dedo.

—¿Ese tronco pelón que no alcanza ni a dar sombra?

—Aquí. Pare. Tengo ganas de orinar —le informa. Y lo ve. Y lo ve verla.

El hombre sonríe. Sonríe y se apea a un lado de la carretera. Mientras la mujer corre hacia el matorral y se levanta la falda, sosteniendo la tela con ambas manos para evitar que toque la tierra suelta, el hombre enciende otro cigarrillo.

[4] Reina Roffé, *op. cit.*, pp. 21-22.
[5] Roberto García Bonilla, *op. cit.*, p. 115.

La mujer debe estar acuclillándose justo en este momento: el ruido de la orina al caer. Un íntimo estruendo. Mientras inhala con fuerza y, luego, deja escapar el humo poco a poco por los orificios de la nariz y de la boca al mismo tiempo, lo único que alcanza a oír es el chorro de la orina cuando sale a toda velocidad del cuerpo y, de inmediato, el golpe del líquido con la tierra seca. Las piedras. Lo que dirán las piedras entre ellas.

Su caminar después. La huella de la suela de hule de sus zapatos planos sobre la arena. Su alivio.

—¿Y qué trae acá? —pregunta ella mientras observa el asiento posterior a través de la ventanilla cuando ya está cerca. La falda en su lugar.

—Deje, no toque eso —sólo atina a contestarle cuando la mujer introduce la mano en el coche y toca el objeto y lo extrae.

—¿Una Leica, 4 × 4? —le pregunta y se pregunta al mismo tiempo. La sonrisa de la identificación—. No está mal —dice—. Mire.

Y el hombre, contra toda expectativa, mira. Toca. Confirma.

—¿Una Rolleiflex 6 × 6?

—Así es.

Una bandada de cuervos pasó cruzando el cielo vacío, haciendo cuar, cuar, cuar.

Desde que en abril de 1948 se casó con Clara Aparicio, la joven que descubrió en las calles de Guadalajara y que fue asediando con paciencia y con intimísimas cartas, Juan N. Pérez V. eligió o rechazó empleos y mudanzas como lo que era o planeaba ser: el proveedor de una familia. Patriarca ancestral. Fue por eso que, un par de años antes de su boda, aceptó el empleo de confianza que el esposo de una tía le consiguió en la compañía de llantas Goodrich-Euzkadi. Ahí, en esa fábrica con un largo y conflictivo pasado sindical, Juan N. Pérez V. fue primero "fiscal de obreros", una posición nunca bien definida pero que, desde su inicio, le provocó angustia, desasosiego, indecisión. Sí, en efecto, un policía.

Las luchas sindicales de los obreros de la Euzkadi habían dado inicio desde 1931, cuando organizaron la Unión Sindical de Trabajadores de Euzkadi, un sindicato rojo encabezado por Alberto Baeza y que pronto entró en conflicto frontal con la empresa. Luego de numerosas instancias de represión empresarial y fraccionalismo interno, una asamblea general logró establecer una alianza entre los rojos y los moderados aliancistas en lo que se denominó Sindicato Único Revolucionario de Trabajadores de Euzkadi en 1935. Como tantos otros sindicatos de la época, el SURTE padeció la intromisión estatista de la CTM, especialmente a través de los manejos de Jesús Yuren, cercano al grupo de Fidel Velázquez, pero aun así no dejó de participar en la ola de luchas obreras que, para 1937, habían ocasionado un total de 833 huelgas a nivel nacional. Una cifra récord. La seña de identidad de un régimen populista. La situación de los trabajadores de la Euzkadi, con todo, era precaria. En 1942, unos 700 obreros fueron despedidos sin justificación ni protección. Solo 350 siguieron laborando. Un par de años más tarde, el SURTE luchó por la afiliación de sus trabajadores al IMSS, sin éxito alguno. En 1946 el sindicato decidió apoyar los paros escalonados que había organizado el Sindicato de Trabajadores petroleros de Pemex. Entonces se hablaba de que en la Euzkadi existía una cárcel interna en la cual se castigaba a los trabajadores que cometían errores de producción o "actos de indisciplina".[6]

¿Una cárcel interna? Sí, eso dije. Una cárcel interna.

[6] Enrique Gómez Delgado, "La industria llantera mexicana. El caso de los obreros de Euzkadi", <http://www.movimientoalsocialismo. org/archivos/libros/euzkadi.htm>, fecha de consulta 23 de agosto de 2016.

Juan N. Pérez V. no perdió oportunidad alguna para quejarse de su situación en la fábrica. Aunque ganaba un salario de 900 pesos mensuales, suficiente para rentar un cuarto en la ciudad, alimentarse bien, ahorrar algo para ir planeando su boda o suscribirse finalmente a la revista *Alpinismo,* tanto las condiciones de trabajo como los conflictos laborales tensionaban su vida y ensombrecían su visión de la Ciudad de México. El malestar no sólo se debía a que, justo como los trabajadores a los que tenía que vigilar, cumplía largas jornadas laborales sin ver el cielo, padeciendo los olores nauseabundos de la producción en línea, sino también a que los continuos conflictos entre administradores y obreros le ocasionaban dilemas morales y de conciencia al reacio capataz. A finales de febrero de 1947 su situación era más o menos ésta:

Ellos no pueden ver el cielo. Viven sumidos en la sombra; hecha más oscura por el humo. Viven ennegrecidos durante ocho horas por el día o por la noche, constantemente como si no existiera el sol ni nubes en el cielo para que ellos las vean, ni aire limpio para que ellos lo sientan. Siempre así e incansablemente, como si sólo hasta el día de su muerte pensaran descansar. Te estoy platicando lo que pasa con los obreros de esta fábrica, llena de humo y de olor a hule crudo. Y quieren todavía que uno los vigile, como si fuera poca la vigilancia en que los tienen unas máquinas que no conocen la paz de la respiración. Por eso creo que no resistiré mucho tiempo ser esa especie de capataz que quieren que yo sea.

Pronto, a diferencia de los obreros de la Euzkadi y gracias también al apoyo de su tío, pudo dejar una situación angustiante para convertirse en agente viajero de la compañía: un oficio compartido con aquel escritor checo que tuvo a bien inventar un escarabajo que no se podía levantar de su propia cama. El aire, así llamado libre, vino luego. El cielo abierto, ese toldo. El influjo de la carretera. La licencia número 145358. Y una mujer rubia en una gasolinera.

¡Cuánta velocidad!

Juan N. Pérez V. "tenía grandes deseos de viajar, de conocer el país, de oír historias. En la época que fungió como agente de ventas tuvo la oportunidad de recorrer gran parte de México y se volvió un experto en el manejo del automóvil. Disfrutaba conversando, y eran interminables las pláticas que sostenía con sus compradores o la gente de los pequeños pueblos. Me hablaba alegremente de sus grandes ventas, y siempre iba acompañado de su Rolleiflex".[7]

La situación laboral, sin embargo, continuó atosigándolo. Hacia julio de 1947, mientras padecía una serie de fiebres (del estómago y de la bronquitis, eso decía), Juan N. Pérez V. no hacía otra cosa más que imaginar maneras de escapar. Ir a Hu. Huir. Así, cada vez que "volvía yo los ojos al lugar donde hay una fábrica de llantas pensaba en cuánta gente estaba desperdiciando su vida, encerrada allí, durante gran parte del día, cuando existían lugares donde se podía vivir sin temor ninguno".[8]

Y lo que me sentía eran unas ganas tremendas de irme de aquí. De no volver más a la compañía. De salirme por la puerta y tomar mi sombrero (no tengo sombrero, pero yo creía que lo tenía) y no volver más. Ésos eran mis sentimientos. Y todos los días, mientras estuve en cama, amanecía con la idea esa.

Un recibimiento cordial por parte de sus compañeros, incluso de su jefe, "un alemán grandote", lo obligó a replantearse la necesidad de aplacar su rebeldía y de volver a ser humilde. Así le llamaba a la resignación: ser humilde. O a darse por vencido. O a pactar con el sistema. Aunque las críticas contra la compañía cesaron por un tiempo, no tardó en regresar,

[7] Roberto García Bonilla, *op. cit.*, p. 128.
[8] Juan Rulfo, *Aire de las colinas. Cartas a Clara*, México, Plaza y Janés, 2000, p. 99

con mayor amargura y una articulación de ideas aún más punzante, al tema de la fábrica en 1949:

A veces pienso que el diablo es más benigno que los hombres, porque al menos sabemos que todo lo que puede ser bueno lo quita, pero los hombres, creyendo que están dando algo, aparentando estar dando algo, nos quitan lo mejor que tenemos. Eso pasa con los señores de la Euzkadi, creen que el pan y la leche que comemos vale más, mucho más caro, que la pobre tranquilidad que estamos necesitando, y sobre esto están exigiendo más cada día, como si uno les perteneciera por entero, como si uno fuera la masa con que amasan sus negocios. Me dan ganas de decir muchas barbaridades en contra de ellos, por todo el mal que le han hecho a uno por la sacrosanta utilidad de la Industria, que todo lo que nos hace ganar es perdiendo el poco valor humano que nos quedaba y que habíamos defendido tanto.

Y tal vez en ningún otro lado como en éste haya quedado evidencia de la posición de Juan N. Pérez V. respecto de las estrategias del capital industrial y sus relaciones con el trabajo de los otros, los desposeídos, los como él. La masa con la que se amasan los negocios. La pérdida de la tranquilidad; la vida humana. Ganar, que es perder.

En el futuro, cuando nada de esto importe, cuando ya nadie recuerde el olor de la Planta No. 1 y los pulmones ennegrecidos de los obreros hayan dejado ya de ocasionar la tos crónica que mantuvo despiertos a esposas e hijos, abuelos, hermanos, nietos, entonces, desde el futuro, alguien sin duda anotará que la Euzkadi no cerró sus puertas sino hasta 2001. Tratado de Libre Comercio. ¡Las llantas de la Euzkadi están hechas de sudor y sangre! En efecto.

—¿Los vio? ¿Vio todo eso? ¿Los vio correr?

—Iban como alma que lleva el diablo, ¿verdad? Así me contaron que íbamos nosotros alguna vez. Así exactamente. Como alma que lleva el diablo. ¿Sabe dónde está Nueva Delhi?

—Eso queda muy lejos, lo sé bien.

La mujer se acomoda los pliegues de la falda, los rizos. Lo ve.

—Había mucho humo o niebla o no sé qué.

—¿Qué dice?

—Nada, mujer. Uno nunca dice nada. ¿Lo que haces es tomar retratos?

—Eso hago, sí —lo dice y lo enfatiza con el movimiento vertical de la cabeza. Arriba. Abajo. Esa genuflexión. Luego se interrumpe—: ¿Y ése? ¿Qué marca es ése?

—Un Chrysler, naturalmente.

—¿Y aquél?

—Parece un Oldsmobile —duda, ve por el espejo retrovisor y vuelve a dudar—. Seguramente sí. Un Oldsmobile.

—¿Y los burros? ¿Los caballos? ¿Las carretas?

La risa es un exabrupto a veces. La interrupción de la exhalación del aliento. Una forma de mirar al pasado y, luego, una forma de mirar a todo lo que viene. Esto.

—Ésas son cosas de la imaginación, mujer.

La carretera federal 45 es la Carretera Panamericana. Y viceversa. Al menos en la porción que pasa por México. En realidad la Panamericana fue siempre un sistema de carreteras de un poco más de 25 mil kilómetros de largo, cuya construcción estuvo impulsada desde mediados de los años veinte por los Estados Unidos. Desde Alaska hasta la Tierra del Fuego: un sueño imperial sólo interrumpido, y eso a medias, por la Selva del Darién en Centroamérica. Se trataba de otro mundo entonces. Era un mundo donde se celebraban congresos internacionales para fomentar la construcción conjunta de caminos internacionales que facilitaran el paso de los recursos naturales, las mercancías y las personas a través de distintas fronteras nacionales. El auto contra el tren. La carretera contra las vías del ferrocarril. De eso se habló en los congresos de Buenos Aires o de Washington, de la necesidad de asegurar el rápido flujo de la creciente producción industrial.

Además de participar en la reconfiguración del sistema bancario y de alentar una reforma fiscal que propiciara incentivos a la incipiente industria, el Estado posrevolucionario desempeñó un papel muy activo en el establecimiento y el suministro de una infraestructura económica, notablemente un sistema de carreteras que asegurara la movilidad interna y externa de los bienes de esa sección de la economía que Juan N. Pérez V. a veces denominó "industria pesada". Su sacrosanta utilidad. La Comisión Nacional de Caminos, creada en 1925, fue responsable de la construcción de aproximadamente 1 426 kilómetros de carreteras a través del territorio nacional, de las cuales 541 kilómetros eran pavimentadas; 256 kilómetros, revestidas, y unos 629 kilómetros de terracería. Apenas cinco años más tarde, para 1935, había en el país unos 1 823 kilómetros de carreteras: un aumento de aproximadamente 28%. Todo eso para unos 53 mil autos, camiones. Ruedas. Puertas. Toldos.

Todavía en 1933, en un boceto preparado por el United States Bureau of Public Works, la entonces denominada Carretera Inter-Americana se ubicaba justo sobre la Federal 85, la primera carretera construida por la Comisión Nacional de Caminos en 1925. Esencialmente una continuación de la Interestatal 35 de los Estados Unidos, la Federal 85 unió por primera vez la capital del país con Nuevo Laredo, justo en la frontera entre Tamaulipas y Texas. Sin embargo, como de lo que se trataba era de ligar regiones ricas en recursos naturales a donde todavía no llegaba el sistema ferroviario, se buscó afanosamente no repetir la ruta del tren. Así, en lugar de trazar una carretera que pasara por Querétaro, San Luis Potosí, Vanegas y Monterrey, se optó por pavimentar un camino desde Pachuca, en el estado de Hidalgo, pasando por Linares, en Nuevo León. Con una longitud de 1231 kilómetros, el trazado final de la Federal 85, sin embargo, hizo un cruce por la Sierra Madre Oriental para atravesar de Colonia a Tamazunchale y así llegar a Ciudad Victoria, un recorrido extremadamente sinuoso que, al final, reducía en lugar de aumentar la velocidad de la travesía.

La Federal 45 ganó la apuesta de la velocidad. De Ciudad Juárez a Chihuahua; de Chihuahua a Durango; de Durango a. Un listón negro atravesado por las equidistantes marcas blancas y amarillas que designan el camino de ida y el camino de vuelta. El caucho por sobre todo ello. El olor a premura, urgencia, vértigo.

—Quédate así. Deja que te vea —¿quién dice eso sobre la carretera?

—Mejor deja que te vea yo a ti —¿y quién contesta así?

—A mí se me hace que usted mató a alguien, güera.

La risa, esa interrupción de la exhalación del aliento. La risa suave, aguda, desordenada. La risa que puede mostrar, sin duda; y ocultar también. Nuestra risa, aquí, bajo el toldo de un carro al que también le llaman cielo.

Bienvenido a Durango

Hacia 1950 Juan N. Pérez V. dejó de ser agente de ventas de la Goodrich-Euzkadi para pasar al Departamento de Publicidad de la misma compañía. Su experiencia anterior como viajero profesional y, sobre todo, los documentos con los que registró sus desplazamientos por el país, así como el conocimiento de primera mano que generó en su contacto directo con el territorio, le sirvieron de mucho para preparar la guía *Caminos de México*. Juan N. Pérez V., en efecto, estuvo a cargo de reunir el material necesario para crear una de las primeras guías turísticas de carreteras del país —una de las puntas de lanza de un desarrollo económico decididamente enfocado hacia afuera—. El aliento de la modernidad. No fue casual, pues, que un poco más tarde llevara a cabo el mismo recorrido que realizaron los autos que participaron en la primera Carrera Panamericana, donde "repartió la guía turística de la Goodrich-Euzkadi entre los comités estatales de seguridad" en el camino.[9] Y lo mismo hizo, vender llantas, cuando, en 1953, ya siendo becario del Centro Mexicano de Escritores, formó parte de la delegación mexicana que asistió a una feria industrial en la ciudad de Guatemala.[10]

Entre 1928 y 1940 se publicaron en México aproximadamente unas nueve guías turísticas en español.[11] *Guía Histórica y descriptiva de la carretera México-Acapulco, la ruta del occidente; Guía ilustrada de Taxco; Guía Roji México, guía ilustrada de turismo; dónde ir y cómo ir.* Abiertamente ligadas al destino de los automóviles, estas guías avanzaban por las nuevas carreteras a grandes velocidades, deteniéndose apenas, aunque morosamente, en los puntos emblemáticos de la modernidad mexicana: los sitios arqueológicos, las iglesias inmemoriales, las costas de ensueño. Se trataba de publicaciones hechas no sólo para apoyar material e ideológicamente la construcción de carreteras, sino también, acaso sobre todo, para producir la idea misma de una nación. Eran libros, sí, pero también panfletos —pequeños cuadernillos

[9] *Ibid.,* p. 123.
[10] *Ibid.,* p. 134.
[11] Kent Dickson, "Una excursión por México en auto. Guías turísticas, 1925-1940", manuscrito.

de menos de 30 páginas que se regalaban en gasolineras o tiendas para turistas—. Esto es México, aseguraban. Esto es el país de las mil maravillas.

Los historiadores, escritores, fotógrafos y pintores que elaboraron estos primeros documentos producían, más que describían, un paisaje nacional. Las palabras, como los autos en las recién inauguradas carreteras, partían de un punto de origen sólo para lanzarse como alma que lleva el diablo hacia la promesa del progreso. El presente vuelto apenas un parpadeo en el camino hacia el más allá. El México que juntos enunciaban venía, sí, de esas ruinas que revelaban el pasado más remoto, sólo para transitar velozmente, nerviosamente, apresuradamente por la actualidad para ir en pos de la línea del horizonte que, en efecto, cambiaba de lugar. Juntos, con frecuencia evadiendo las necesidades prácticas del turista, identificaron los sitios donde el automóvil debía detenerse para dar marcha a los pies.

—No sabía que el cielo podía ser tan azul.
—¿Durmió bien al menos?
—Soñé.
—Soñar es una manera de llegar.
—¿Qué dijo?
—Dije lo que oyó.
El tiempo, que pasa. Un portento de velocidad.
—¿Los vio? —dice la mujer otra vez—. ¿Vio todo eso?
—Debería cerrar los ojos, güera. Debería descansar.

La palabra *turista* apareció por primera vez en un documento legal mexicano en la Ley de Inmigración de 1926, promulgada por el entonces presidente Plutarco Elías Calles. Además de definir el proceso de expedición de visas y de tarjetas de identidad, el cual quedó en manos de los cónsules, la ley estipulaba las calidades migratorias de emigrante, inmigrante y turista. Definido como un extranjero que visita la

República por motivos de recreación o recreo, cuya permanencia en el territorio nacional no rebasaba los seis meses, el turista iba ocupando un lugar cada vez más preponderante en la imaginación económica de la posrevolución y en los varios esfuerzos por diagnosticar, por contraste, un carácter verdaderamente nacional. Además, México había pasado de recibir 14 mil turistas en 1929, a 90 mil hacia mediados de los años treinta. En 1950, el año de publicación de *El laberinto de la soledad,* de Octavio Paz, y el año en que se llevó a cabo la primera Carrera Panamericana, los turistas habían aumentado a una nada despreciable cantidad de 384 mil. Las ganancias en juego no eran menores.

En 1937, en el contexto de una nueva Ley de Población que prohibía a los turistas tomar fotografías o películas cinematográficas que pudieran ocasionar desprestigio al país, se empezó a regular el oficio de guía turístico, controlándose también la actividad de las agencias de viajes. Aunque el número de turistas descendió radicalmente durante los años de la Segunda Guerra Mundial, pronto volvió a resurgir con fuerza en 1942. Desde entonces, los focos de atracción se centraron en las costas y, poco a poco, pero cada vez con mayor celeridad, alrededor de las ruinas arqueológicas que descubrían para propios y extraños un pasado exótico, único, legendario. El mito prehispánico. El mundo indígena, sí, pero de lejos: mientras más remoto en el pasado, mejor. Mientras más intocable.

Aunque durante el alemanismo se establecieron los grandes complejos turísticos que favorecieron la inversión privada, desde 1947 la creación de la Comisión Nacional de Turismo permitió y garantizó una mayor participación del Estado en las empresas privadas dedicadas a prestar servicios turísticos. En este contexto de dinámica expansión del turismo nacional enfocado al flujo de extranjeros, la planeación, la investigación y, finalmente, la ejecución de una guía turística era todo menos una actividad superflua. Que esta guía ofreciera a los turistas no sólo información textual sino también visual sobre sitios poco conocidos, con frecuencia denominados remotos, a los que, sin embargo, podían llegar usando el muy personal e independiente automóvil sobre carreteras seguras, sólo sumaba relevancia al osado paso que había tomado la Goodrich-Euzkadi para mantener su dominio en el mercado nacional de las llantas.

Se hace un claro en la niebla. Un agujero por donde entra una luz anaranjada como de amanecer, hacia atrás de nosotros. Ésa es Poza Rica. No estamos lejos. Me bajo del automóvil. El volante ha estado en mis manos muchas horas. Se siente pegajoso y resbala con este calor húmedo. Recorro bajo la llovizna una larga fila de coches y camiones que parecen dormidos, ladeados sobre la cuneta. Voy hacia donde está el farol. Pregunto:

—¿Ese derrumbe…?

—Es sólo un sueño —le asegura cuando termina su relato—. Mire a su alrededor. No hay derrumbe alguno.

Y mira, sí, en efecto. Una ventanilla es una ventanilla. ¿Qué es el más allá? La respiración tarda en calmarse. Las pestañas arriba y las pestañas abajo. El hormigueo entre los dedos.

—Hubiera visto ese desastre —tartamudea. Luego cierra los ojos y coloca la frente sobre el filo del volante. Luego vuelve a incorporarse—. Necesito aire —dice.

Alguien, desde el futuro, lo ve abrir la puerta y dar los cuantos pasos que lo llevarán hacia el borde de la carretera. Alguien observa cómo alza los brazos y mira, en esa postura, hacia lo lejos. ¿Me imaginarás así, se pregunta, desesperado, tenso, a punto de lanzarme? Lo imaginaré así, en efecto. Lo haremos.

Es difícil a veces hacer algo con el deseo.

Bienvenido a León

—*Es bueno ver entonces cómo se arrastran las nubes,* en eso voy pensando —murmura, como si estuviera hablando con alguien. Un rosario personal. Un rosario de muchas cuentas.

—Dé vuelta aquí —le ordena—. Sálgase del camino —lo dice y estira la mano hasta alcanzar el volante al mismo tiempo. El viraje, abrupto, lo saca de su ensoñación. ¿En qué iba pensando cuando la invitó a subir al coche? ¿A quién en su sano juicio se le ocurre hacer algo así?

—Vamos a Santa Rosa —le indica la mujer—. Sólo quiero ver ese lugar —dice por toda explicación—. No nos tomará mucho tiempo —promete.

Y eso es, efectivamente, lo que hace. Cuando el auto se detiene en los límites de Santa Rosa, Guanajuato, lo único que hace es abrir la puerta y, sin esperar compañía alguna, dar unos cuantos pasos sobre la tierra. Saca la cámara del asiento de atrás entonces y, colocándola sobre las costillas, hace unas cuantas tomas. Ver es fotografiar, en efecto. Ver es sentir todo lo que se va. Cuando regresa al auto y toma su posición en el asiento delantero, al lado del piloto, no dice nada más.

Uno puede callar por una eternidad.

Y eso, y no otra cosa, es ser necio y testarudo y taimado.

Bienvenido a la Ciudad de México

Juan N. Pérez V. no se instaló en la Ciudad de México de manera permanente sino hasta 1947, un año después de que Miguel Alemán, un político sin pasado militar y de refinado gusto en el vestir, fue electo para la presidencia del país. Se iniciaba entonces un agresivo programa de industrialización que, al destacar los beneficios de la vida urbana, dejaba atrás, al descuido, el mundo rural mexicano, dando lugar así a la gran migración campo-ciudad con la que se formó la capital del país. Aunque Juan N. Pérez V. nació, sin duda, en las postrimerías de la Revolución mexicana de 1910 y fue testigo en la niñez del surgimiento de la Guerra Cristera en el Bajío, el mundo en que se volvió adulto fue el del así llamado Milagro Mexicano, ese periodo entre 1940 y 1952 caracterizado por un gran auge económico con base en las exportaciones de materias primas que contribuyó al crecimiento pero no necesariamente al desarrollo y el bienestar de la mayoría de la población del país. Poco a poco y de manera inexorable los pueblos de la provincia mexicana, los pueblos del así llamado interior, especialmente aquellos con población indígena, se fueron quedando sin gente o sin recursos naturales. Algunas comunidades fueron desalojadas de sus lugares de origen para abrir sitio a las obras de infraestructura que requería el flujo de mercancías y de capital: una presa, un puente, una carretera. Algunos pueblos fueron diezmados por la negligencia gubernamental. Otros más, por la represión del Estado. Pronto muchos de esos poblados se convirtieron en fantasmas de sí mismos. Libros vacíos. Las ruinas de un mundo por venir. Estos páramos. Vueltos nómadas migrantes, esos pobladores rurales llegaron a las periferias de una ciudad para conformar las muchas ciudades que siempre ha sido la Ciudad de México.

Pero todo eso venía al caso de que me interesa la Ciudad de México en el aspecto más bien de inmigración. No el aspecto económico, sino, tal vez, el impacto psíquico, el shock *que reciben al querer adaptarse a un medio hostil, que a veces los rechaza y a veces los absorbe.*[12]

—Voy pensando que hace bien poco acaba de salir un cuento mío en la revista *América*, en el número 66 —dice en voz

<hr />

[12] Reina Roffé, *op. cit.*, p. 34.

muy baja. Se vuelve a verla de reojo otra vez y espera un rato antes de continuar—: Y voy pensando que acabo de leer ese nombre, el nombre de Dolores Preciado, en el libro de Olivia Zúñiga que publicó hace bien poco *Et Caetera* en Guadalajara. *Retrato de una niña triste* —se detiene otra vez. Titubea. Y luego sigue—: Sí, Olivia es la misma que escribió sobre Mathias Goeritz. *La abyecta fatiga/del yo,/que tantas veces/acompaña.* Esa mismita —dice, y luego guarda silencio. Bienvenido a la Ciudad de México. Usted está aquí.

—Qué bonito ese nombre, ¿no? Qué bien suena ese Dolores Preciado —lo dice para sí. Lo dice sólo para sí.

—La palabra *pedregoso,* en eso voy pensando —murmura después, casi de inmediato. Pareciera que tratara de convencerse de algo.

—La palabra *desteñido* —concluye.

Bienvenido a No Me Olvides
Bienvenido a Usted Está Aquí

Los viajes de Juan N. Pérez V. no sólo se llevaron a cabo en el así llamado interior de la República. En la misma Ciudad de México, donde se reunía a menudo con los escritores y artistas que participaban en la revista *América,* no sólo asistía al café La Nueva China, sino que también salía a pasear los domingos con Efrén Hernández y Marco Antonio Millán. "Íbamos de paseo a Chapultepec, a las Fuentes Brotantes de Tlalpan, al Desierto de los Leones, a La Marquesa", ha contado Millán. Como integrante del club de alpinistas Everest, Juan N. Pérez V. también se aventuró en viajes frecuentes, a veces cada fin de semana, a los volcanes cercanos a la Ciudad de México: Ajusco, Popocatépetl y Nevado de Toluca. Inquieto. Feliz al aire libre. Allá, en la punta de los cerros. Aquí. De hecho, el 26 de septiembre de 1949 Juan N. Pérez V. participó como rescatista cuando un avión de Mexicana de Aviación se estrelló en las faldas del Popocatépetl, un accidente en el que murieron, entre otros, el historiador Salvador Toscano y la actriz Blanca Estela Pavón.[13]

Maneje con precaución

—Bájese, ande. Le invito un cafecito. La afectó mucho Santa Rosa, ¿verdad? Me hubiera dicho con tiempo que se quería bajar. Me hubiera dicho que de ahí salió usted, hace tantos años. Que ahí llegó.

La mujer vira el cuello y lo observa. Pareciera ser que no alcanza a comprender bien a bien lo que escucha. El lenguaje vuelto apenas una retahíla de sonidos sin control. Ruido blanco. Santa Rosa, murmura. Santa Rosa, Guanajuato, repite. Una comunidad de refugiados polacos en Santa Rosa. Un abuelo y una nieta, de la mano. Se acicala los rizos rubios; se desarruga la falda de percal. Bosteza. Es sólo después de estirar los brazos que se decide a abrir la puerta. Que se decide a bajar.

—Siento que he estado con usted una vida entera —murmura a medida que coloca el pie sobre el borde inferior de la puerta.

—Y así ha sido —le dice él, le dice Juan N. Pérez V. mientras sostiene la puerta abierta e inclina la cabeza hacia el piso. Esconder la mirada, se dice así. Sentir vergüenza.

—¿Y usted se lo prometió? —pregunta ya con la taza de café humeante frente a los labios—. ¿Usted le prometió que viajaría desde Chicago hasta Santa Rosa? ¿Usted le dijo sí, abuelo, iré allá y lo veré todo por ti? ¿Se lo dijo así?

—Prometerlo todo —dice ella—. Eso hice. Sí.

—Sus manos, sabe —dice y se detiene de súbito; dice y se desdice en un acto—. Sus manos entre las mías.

[13] Roberto García Bonilla, *op. cit.*, p. 120.

El ruido es de ciudad nocturna. Ciudad que se despierta. Brazos en alto, estiramiento de piernas. Sonrisas. Carcajadas. El ruido es el de una carrera: las ovaciones que reciben o despiden a los participantes, los rugidos de los motores, la adrenalina en el aire. Un muerto. ¿Es eso un muerto? El ruido es de cuerpos y voces, aire. ¿Así que esto es una ciudad?

—En Santa Rosa nos recibieron y ahí vivimos —dice, su voz repentinamente más clara que el bullicio de afuera—. De ahí salimos, sí. Se lo dije antes, ¿verdad?

—Me lo dijiste, sí —afirma mientras paga la cuenta y, caballeroso, la toma del codo para dirigirla hacia afuera. Esto es una ciudad. Así que.

Los transeúntes. El aire a cuerpos en enjambre. Las voces de los vivos y las voces, también, de los muertos. Una mujer a mi lado, caminando sin ansiedad. ¿Me recordarás así, en el futuro?

Te recordaré, sí. Juan.

Lo que sigue ocurre con demasiada premura. En un santiamén, se dice. Todo esto se lleva a cabo cuando van de regreso al auto, meditabundos, tambaleantes, los labios todavía olorosos a café.

—¿Pero qué haces aquí? —dice ella, sorprendida. Se lo dice a alguien más.

—Patsëmtëk ëjts tuntë jë mayäjt —contesta una mujer menuda, de oscuros cabellos lacios, desde dentro del auto. El asiento de atrás.

—¿Qué quieres? ¿Quién eres? —pregunta él. Insiste. Y vuelve a insistir.

—Xa nyïkpametsy, pojyë'ëktë yïktsoontë yë mpujx —dice la mujer. La desesperación en su voz. La cara a punto de explotar.

—Who are you?

—¿Qué haces aquí? —insiste en saber el hombre con el torso hecho nudo sobre el respaldo del asiento delantero.

—Tsojkt —insiste la mujer desconocida.

—Calm down, woman. What do you want?

—Tsojkt.

—Let's go.

—¿Quién es esta mujer? ¿Cómo entró aquí?

—Who cares. Start the engine. Let's go.

—Tsojkt.

—She is scared. C'mon. Start the engine. Fast.

—Matä'äktë. Tuntë jë mayäjt, matä'äktë.

—No puedo arrancar. El motor.

—Yïkpapëëpy ëjts.

—Who are they? Is someone after you? How many of them?

—¿Qué hizo? ¿Mató a alguien?

—Matä'äktë, tuntë jë mayäjt.

—A criminal? Are you wondering whether she is a criminal? Really?

—¿Por qué la persiguen? ¿De qué huye?

—You are so sick, man.

—Pojyë'ëktë, ëxaa wyïnkonnëtë, ëjts yïkpamemp.

—And you, what are you running away from?

—¿Y tú?

—Matä'äktë. Tuntë jë mayäjt. Yïkpapëëpy ëjts.

—Who is after you? —le pregunta finalmente a la desconocida.

—Yi aka'ax ¿M'ejxtëp yi aka'ax? Nëjmë ku ka' xyïk'ooktë, nëjmë ku ka'.

En un santiamén. *Arrancar* quiere decir partir en dos. Quiere decir sacar de raíz. Quiere decir hay un motor que ruge sobre el asfalto de la carretera. ¿Y sabías que el asfalto contiene un componente de arena volcánica que acaba muy pronto con las llantas, con las suelas, con los pies? Hay que salir a toda prisa una vez más. Hay que practicar la velocidad de esa alma a la que todavía se lleva el diablo por delante. ¿Adónde? No lo sé. Sé que hay que ir.

La carrera continúa. La muerte es sólo un personaje más en este apasionante drama. Cuidado. Pasó a más de 120 kilómetros y en plena curva.

El mundo es otro a través de las ventanillas. El mundo, así, tiene un marco. Un lindero. Una zona franca y otra, desconocida, que avanza. El mundo es una sucesión de rápidos fantasmas.

Vamos a pararnos aquí. Vamos a detenerlo todo aquí.

Frenar es un verbo. Apearse. Respirar.

Sobre ese volcán, en las laderas de ese volcán que son en realidad dos, Juan N. Pérez V. ha tenido los momentos más felices de su vida. Toda afirmación es un quizá. Aquí, con calcetines de lana y la mirada llena de aire, él incluso se tomó una fotografía. Varias. Quiero que me recuerden así, le decía al futuro. Insistía. Popocatépetl. No de frente, no, sino de espalda. Iztaccíhuatl. No regresando la mirada al que ve desde el pasado, y el que ve siempre ve desde el pasado, sino apoyando los ojos en el cielo que vemos juntos en el allá. Ni yo te veo verlo, ni tú a mí: el más allá. Adónde vamos. Hacia. Quiero que recuerdes esto.

Tres cuerpos alrededor de una mesa de aluminio/unas cuantas cervezas: mira/éstos son los prófugos de sí/éstos son los que van por la carretera/hasta el fin de la carretera, ateridos.//

No te rías así.

—¿Cómo te llamas, mujer? —le pregunta finalmente el hombre cuando ha consumido ya la mitad de la botella de cerveza. El latido pausado del corazón; la aparente calma.

—Tajëëw —murmura en voz casi inaudible.

—¿Cómo? —le preguntan los dos al unísono—. ¿Qué dijiste?

—Tajëëw —repite.

Alguien nos soltó de la mano hace tiempo./Alguien nos dejó./Aquí.//

¿Y si los que te perseguimos somos nosotros, Tajëëw?
¿Y si somos tu muerte, tu ataúd, tu recinto?
¿Y si tampoco de nosotros pudieras huir?

El aire de las colinas es transparente y fresco. En sus madejas invisibles se cuelga la noche, su oscuridad. Volutas hechas de diamantina. Estrellas mínimas. El aire de las montañas vuela, también, con el aroma de la clorofila. Cosa verde. Materia perenne de pino. ¿Qué hay después de estas alturas? ¿Qué, después de la presión que hace estallar los oídos? No hagas esas preguntas, mujer.

¿Quién dice eso?

Bienvenido a Puebla

En la noche, cuando todo no es sino un amasijo de estrellas, la pesadilla. El canto y la pesadilla. La voz, desde el asiento de atrás. ¿Estás muerta, Tajëëw?

Voy recogiendo manos por el camino.//Voy recogiendo orejas, pies, cabello.//Por el camino voy recogiendo piernas/ojos voy recogiendo por el camino, dientes/voy recogiendo piedras por el camino/rodillas, uñas, quijadas, anteojos.// Voy por el camino, voy recogiendo el camino/suspiros, venas, costillas, saliva/por el camino voy, voy recogiendo/ en mi regazo voy colocando el camino/recogiendo el camino, voy por mi regazo/una piedra/una mano o dos manos o tres manos/voy acumulando voy por el camino/las costillas, los fémures, las aortas.//

Voy recogiendo manos por el camino.//

Bienvenido a Remoto
Bienvenido a Más Lejos
Bienvenido a Tú No Estás Aquí

58

¿De qué se hace una identidad nacional? De mentiras, por supuesto. O, para ser más exactos, de falsificaciones. O, para decirlo de otro modo, de "originales propios". Así denominaba Brígido Lara, reconocido ceramista falsificador de figuras precolombinas, a las aproximadamente 40 mil piezas que logró hacer pasar como auténticas originales en subastas internacionales, ante los comités académicos de una diversidad de museos, y frente a la mirada exhaustiva de los coleccionistas privados.[14] En 1974, cuando estuvo preso con cargos por saqueo al patrimonio nacional, Brígido Lara hizo una petición inusual: mandó traer barro a su celda. Ahí, poco a poco y con gran maestría, fabricó ante los ojos asombrados de propios y extraños las piezas que nadie había dudado en el pasado, ni dudaría en el futuro, en calificar como piezas precolombinas originales. El hombre no era un vil saqueador, eso quedó claro. Brígido Lara era un maestro falsificador. El mejor de todos.

Su trabajo, que había dado inicio una veintena de años antes, en el contexto de un alemanismo con franca hambre de pasado, de orígenes remotos, de raíces ancestrales, se había convertido hacia finales del siglo XX en todo un estilo. Aunque su firma personal ha podido ser detectada ya en piezas aztecas y mayas, el punto culminante de su maestría fue, sin duda, el estilo totonaco; ese pueblo que habitó Veracruz entre los siglos VII y XII de la era moderna y al que distingue, como a ningún otra comunidad prehispánica, la presencia de la sonrisa. En efecto, las esculturas antropomorfas conocidas como las "caritas sonrientes", encontradas en las inmediaciones de la pirámide de Tajín, constituyen todavía uno de los enigmas más punzantes para la arqueología y la antropología de hoy. Tal vez Brígido Lara tenga una respuesta a este misterio.

Quizá todavía se ríe de todos nosotros en silencio.

[14] Jesee Lerenr, "Brígido Lara. Post-Pre-Colombian Ceramicist", *Cabinet,* núm. 2, Mapping Conversations, primavera de 2001.

Son varias las razones que ayudan a dar cuenta de la existencia y el florecimiento de un mercado de falsificaciones precolombinas. El conocimiento ancestral de artesanos locales y la disponibilidad de materiales originales (tipos de barro, clase de tintes), así como la necesidad de recursos en un mundo hostil, explican, sin duda, algunas de las causas. El funcionamiento de la fotografía, que facilita el registro de originales *in situ,* y los medios de transporte que llevan las piezas de un punto a otro del espacio, también son causas de este fenómeno. Pero ninguno de estos motivos sería suficiente por sí mismo. Se necesita, sobre todo, el hambre o el anhelo. La sed de maravillas. La necesidad de fabricar un punto de referencia más allá del tiempo, en una zona impoluta del espacio al que más de uno se sienta capacitado para denominar como el origen. Se necesita un país con el alma que lleva el diablo. *Un portento de velocidad.* Se necesita el turismo.

¿Cómo se fragua una identidad nacional? Con originales propios, así entonces. Con versiones de la copia tan bien hechas que producen, en su quehacer, un original que nunca existió pero en el que todos creemos. Y se hace así: se construye una carretera donde no había una carretera para que lleve sobre su lomo a todos esos sedientos de maravillas y monedas hasta sitios que, habiendo existido, en realidad sólo empezaron a existir entonces. Sitios arqueológicos, por ejemplo, sobre mapas de la más angustiosa modernidad. Sitios donde se fragua ese nosotros que es el folclore nacional: su pasado y su presente y, sobre todo, su futuro. Y se hace así: se coloca detrás del volante del automóvil de una compañía trasnacional a Juan N. Pérez V. por horas y horas enteras, por días y más días, por semanas seguidas, y se le invita a ensoñar. Se le coloca ahí para que, hasta ahí, llegue Tajëëw una noche cruel, una noche de total espanto. Para que ahí se aparezca su cuerpo a medias aterido y a medias atropellado. Tajëëw.

Pasó a más de 120 kilómetros en esa curva. Voy abriendo camino, en efecto. ¿Lo ve usted claramente, desde el futuro, lo ve bien? Pedregoso. Desteñido. Taimado. *¿A usted le gustaría tomar una curva a esa velocidad?* No te voy a decir lo que ensueño. No; eso no. Eso es cosa mía.

Un hombre joven, de adusto rostro pálido, dice eso. Los labios semiabiertos.

¿Estás muerta, Tajëëw?

Voy recogiendo manos por el camino.//Voy recogiendo orejas, pies, cabello.//Por el camino voy recogiendo piernas/ojos voy recogiendo por el camino, dientes/voy recogiendo piedras por el camino/rodillas, uñas, quijadas, anteojos.// Voy por el camino, voy recogiendo el camino/suspiros, venas, costillas, saliva/por el camino voy, voy recogiendo/ en mi regazo voy colocando el camino/recogiendo el camino, voy por mi regazo/una piedra/una mano o dos manos o tres manos/voy acumulando voy por el camino/las costillas, los fémures, las aortas.//

Voy recogiendo manos por el camino.//

Lo que es cosa tuya es lo que puedes imaginar, le dice al futuro Juan N. Pérez V. a través del espejo retrovisor, a lo largo del tiempo. Hago que me diga eso. Porque lo oigo yo, a solas, frente al parabrisas, aseguro que dijo eso. Ojalá que sí lo digas. Traigo la mirada a medias en el horizonte y a medias en el camino, sí, que ése es el problema. El camino. Mi problema. Porque si en algo estamos de acuerdo es que el tiempo es el enemigo. Y el aliado, el mío al menos, el mío al menos en este justo momento, es este coche. Mi aliada es la carretera. No estoy borracho. No estoy cansado. Esto es el ensamblaje del camino; esto es soñar despierto.

Bienvenido a Oaxaca

Los organizadores nerviosos esperan la salida del primero de los 104 carros inscritos. Están en fila. Una fila de más de kilómetro y medio. Toman parte corredores de siete naciones. Buen viaje, amigos. Aquí está nuestra mejor carta, el Ché Estrada Menocal. Nuestros deseos de buena suerte no fueron bastantes para librarlo de la muerte. Decidido se prepara para el viaje. Él no sabe que será el último, del que no se vuelve. José Antonio Solana tripula este coche que representa a Jalisco. Se anota en las tarjetas de ruta. Sale el 21 piloteado por el popular Güero Zulueta. Quien va con la virgen morena no va solo en el camino. Que haya suerte. A vencer la distancia y el tiempo en este evento singular. Uno a uno salen los coches. Solamente su corazón, su habilidad y la confianza en sus motores pueden hacer que estos valientes se enfrenten a la aventura. El primero en caer ha sido el primero que se inscribió. El que primero supo entusiasmar a los fanáticos con su valor, su pericia y su simpatía. Era imposible salir ileso de este desastre. La ruedas, destrozadas. El motor, hecho trizas. La carrocería, aplastada. Y a pocos metros el cuerpo del Ché, gran amigo, gran hombre, gran mexicano. Cayó de una altura de más de 200 metros. Descanse en paz. El fuego consumó el desastre, pero nunca olvidaremos al Ché, cuyo motor sigue venciendo distancias en el camino de nuestro recuerdo. La carrera continúa. La muerte es sólo un personaje más en este apasionante drama. Cuidado. Pasó a más de 120 kilómetros y en plena curva. Dios los bendiga es el lema de este coche. Que él los acompañe. Así ven los pilotos el camino a 140 kilómetros por hora. Ni las curvas los detienen. Con qué limpieza vencen los peligros de la carretera. El coche de Christian acepta el reto y se va volando sobre el asfalto. Qué bien va manejado el número 2, lo tripula Bosten, que mantendrá un duelo cerrado contra el 22 de Clyde Jhonson. Por fin Oaxaca, meta del primer día de carreras. El 15 de Frye Rashman clasifica en segundo lugar. Entran como demonios. El público sigue con interés la llegada del subcampeón mundial, el italiano Ascari. Con qué cariño aplaude la gente a los bravos pilotos, que cumplida la etapa charlan como si nada. Teresita Panini ha hecho un brillante papel. Su papá como si tuviera un presentimiento la abraza estrechamente. Y allá van, rumbo a la muerte. Hay verdadero alboroto entre el público, ésta es una de las más tremendas etapas. Pero hay algunos con tanta prisa que por poco dejan a su copiloto. Buena suerte, muchachos. Vean cómo se toma una doble curva, y sigan, si pueden, la tremenda velocidad del coche de Antonio Marín. A poco de salir de Oaxaca, la muerte esperaba a Carlos Panini. Un viraje de emergencia, tal vez un choque con otro carro. He aquí el resultado. Otra vida generosa que se trunca. Su hija se niega a dejar el lugar de la tragedia. Casi a rastras se la llevan. Millones siguen la carrera por las informaciones de la radio, el cine y la prensa. Después a vencer el trazo sinuoso y lleno de peligros. Hay un récord y todos quieren batirlo. Los coches arreglados especialmente para esta fecha salen como una flecha. Ha tenido dificultades con las llantas. Empieza a destacarse. La finalidad de estos formidables volantes. Kilómetros de peligros. No desdeña el reto del campeón. La pelea empieza a concentrarse. Escribe una línea de fuego. ¿A usted le gustaría tomar una curva a esta velocidad? Un portento de velocidad. Los pilotos charlan como lo que son: buenos amigos y camaradas. Un café es un positivo regalo después de tremenda prueba. Sólo el tiempo podrá decir. Que la suerte los acompañe. El tributo de sangre y vidas humanas. La carretera. Que es lucha, que es combate, pero que también es caballerosidad y es renunciación. Buen viaje, valientes. Y recuerden, el tiempo es su enemigo, el coche es su aliado, y el camino su problema. Fue un documental.[15]

Pero todas son puras mentiras. Debe ser mi talante taimado, qué va. Porque a fin de cuentas, lo que verdaderamente importa no es lo que uno piensa, sino lo que uno no sabe ni siquiera que pasa por la cabeza. Eso es ensoñar, ¿qué no?

O eso es escribir.

[15] Véase II Carrera Panamericana, 1951, <https://www.youtube.com/watch?v=CcA42xUWMLU>, fecha de consulta 24 de agosto de 2016.

¿Oyen el sonido del agua del río? ¿Llegan hasta allá los murmullos de los que se acercan? ¿Son ésos los *pasos como de gente que ronda*? ¿Cómo suena la aproximación?

Como las manos sobre las propias pieles cuando caen las ropas, ¿oyen eso? ¿Se oyen hasta allá los dedos, las puntas de los dedos, sobre el moretón y la herida abierta y la inflamación de pierna o brazo? ¿Es posible distinguir cómo el fluir del agua se desvía o se detiene apenas cuando uno, dos, tres cuerpos entran en el centro de la corriente? ¿Oyen la caricia sobre la cabeza? ¿La mano sobre los cabellos húmedos, los labios, las mejillas?

¿El gemido cuando, de repente, el dolor?

El gemido, ¿oyen el gemido?

¿Así es como se oye el paraíso? ¿Es el jardín del Edén una golpiza y, luego, una curación? ¿A esto suenan las cicatrices cuando se abren y el rasguño, cuando se cierra? ¿Así que éste es el sonido de los cuerpos cuando se sumergen en el agua para tocar el fondo? ¿Así que esto era sumergirse?

Uno ve por la ventanilla, así. Uno ensueña. Uno dice: un viaje más y los mando bien lejos de aquí, hijos de la industria pesada. Pero a uno siempre acaba por sorprenderlo la muerte. El asombro. El pasmo. La estupefacción. Es mentira que uno tenga que esperar al último segundo, ese en el que según dicen uno ve su vida completa, como en el cine. Es mentira, se lo aseguro. Uno también la ve aquí, sobre la carretera. A la vida. A lo que queda después de la vida. O antes. No desde el inicio hasta el fin, que nunca pasa nada así. Uno ve cachitos. Pedazos. Como el *flash* de las fotografías. ¿Cómo se llama eso que se ve al final del camino y no es una luz? Como espejismos, así mismo.

¿Quién dijo eso?

BIENVENIDO A MÉXICO

Los acabaron con saña, de eso no cabe duda.
Tantos miembros desparramados por el camino de tierra.
Tantas manos. Tantas orejas.
¿Quién es capaz de esto? ¿Quién conoce la crueldad
de esta manera?

¿Quién o quiénes atacan así?

Desfigurar es el nombre del juego.
Acabar con el rostro que te ve
verlo. Acabar con la boca
el ojo
la nariz
el pómulo. Acabar
con los dientes, la mandíbula, el mentón.
Desfigurar es el nombre.
No es un juego.

Y lo único que tenemos ahora: este cuadernillo
esta propaganda: venga a Oaxaca
estas imágenes tan preciosas:
sus llantas por el camino.

Es la evidencia.
Las huellas de los neumáticos
sobre el camino
y las imágenes preciosas de las llantas
sobre el camino.

Una iglesia.
Una ruina perfecta. Una milenaria
manera de ser nube o bruma.
Un par de huaraches simétricos.

Los vértices de las cosas
sin mella.

Desfigurar es el juego.
Configurar es el nombre del juego.
Se llama turismo. Se llama progreso.
Se llama *Yo le prometo*.

¿Sabía que el asfalto de la carretera tiene un componente
[de arena
volcánica que acaba muy pronto
con las llantas, con las suelas, con los pies?

¿Lo sabía?
¿Quién dijo eso?
Me sentía desgastado como una piedra bajo un torrente, pues lle-
vaba cinco años de trabajar catorce horas diarias, sin descanso, sin
domingos ni días feriados [...] Recalé en la fábrica, iba a cambiar
las llantas, cosa que hacía cada 20 o 30 kilómetros [...] De paso
se me ocurrió pedir [...] Que le instalaran radio al automóvil [...]
Aquello no sólo resultó imposible sino infamante. Hubiera usted
visto a esos cabrones, hijos de la industria pesada, ir todos a tallar las
llantas para calcular su desgaste. Ya para ese momento había toma-
do una decisión: mandarlos a la chingada.[16]

Por eso yo le aconsejo a esa mujer del futuro que, cuando se
pregunte si tomará esa curva a 120 kilómetros, diga que sí.
Tome esa curva. Apriete el acelerador y vea las nubes. *Enso-*
ñar es un verbo. Manejar, que es vivir. Entonces tome la
siguiente. La curva. Así.

[16] Alberto Vital, *Noticias sobre Juan Rulfo*, Editorial RM, México, 2003,
p. 134.

II

EL EXPERIMENTALISTA

Sonaba: plas, plas,

                                      y luego otra vez plas,

                 en mitad de una hoja de laurel que daba

vueltas y rebotes

                               metida en la hendidura

de los ladrillos.

Vine de

Juan Nepomuceno Carlos Pérez Rulfo Vizcaíno nació en 1917, en Apulco, una pequeña localidad de Jalisco, el estado de la provincia mexicana en el que se convirtió en huérfano a una edad temprana —su padre murió asesinado en 1923 y su madre falleció en 1927— y que no abandonó sino hasta 1933, el año en que partió, como tantos otros desde otros tantos puntos del país, hacia la Ciudad de México. Los textos rulfianos, que temáticamente exploraron el campo mexicano y tuvieron como personajes a campesinos y hacendados, fueron producto, sin embargo, de ese éxodo campo-ciudad del que resultaron las grandes metrópolis modernas. Los textos rulfianos son, por decirlo así, urbanos. O mejor aún: los textos rulfianos son, sobre todo, textos en proceso de migración. Van como alma que lleva el diablo sobre las recién fundadas carreteras. Avanzan a una velocidad portentosa, así es. Escudriñan el territorio mientras lo fundan. ¿Quién ha visto esto antes? ¿Quién desde Ciudad Juárez hasta el Ocotal? ¿Quién a caballo por la sierra o a pie, sobre las montañas más diversas? Palmo a palmo, kilómetro a kilómetro. Y sin radio. No por nada la primera frase de aquel texto fundacional incluye una indicación de movimiento y una indicación de procedencia. Vine. De un allá a un aquí. *Vine a* importa más que *vine de*. Los migrantes sabemos eso.

EL DÓNDE ES ESTO
Y DÓNDE ES AQUELLO

Por más que la ciudad de mediados del siglo xx era apenas un umbral convulsionado por el quehacer de las fábricas y el ruido de la migración; por más que la capital del país empezara apenas a deshacerse, con cierto pudor y cierta premura, de su condición de rancho grande, en tanto autor, Rulfo fue, sin lugar a dudas, un autor citadino. Un aledaño, habría dicho él. No un nativo de la Ciudad de México, sino uno entre esos tantos que conformaron el gran porcentaje de provincianos asentados en la urbe no sin resistencia o sin incomodidad. Mientras la familia revolucionaria —norteña y de la clase media según los estudiosos— lograba controlar el último verdadero reto militar que le presentaron los campesinos católicos a través de la así llamada Guerra Cristera (1926-1928), organizando al mismo tiempo el primer partido político, entonces conocido como Partido Nacional Revolucionario, que aseguraría las transiciones presidenciales del futuro, Juan Rulfo conocía la promesa y el abismo de la nueva ciudad.

> *EL COMPADRE MENDOZA* DE FERNANDO DE FUENTES, MÉXICO, 1933 | *LA MUJER DEL PUERTO* DE ARCADY BOYTLER, MEXICO, 1933 | *KING KONG* DE ERNEST B. SHOEDSACK Y MERIAN C. COOPER, USA, 1933.

LEER EL MUNDO

Ávido y soltero, desvelado y consumista (en no pocas ocasiones se quejaba de su bárbara costumbre de adquirir libros),

Rulfo recorría la urbe y los textos que ésta le regalaba a manos llenas, mostrando desde entonces una proclividad por la lectura periférica, alejada del promedio y el incipiente sentido de la moda cultural. Conocidas son sus preferencias, por ejemplo, por las novelas nórdicas, entre las que comentaba con especial atención *Hambre,* de Knut Hamsun.[1] De hecho, ante la ausencia de lo que denominaba literatura latinoamericana, y lo poco que veía como provechoso de la literatura española, Rulfo entretuvo por un tiempo la teoría de que toda la literatura, o al menos la verdadera literatura, era de origen escandinavo.[2] Y ya existen estudios, como el de Jorge Ruffinelli, en los que se explora su estrecha relación con el autor suizo C. F. Ramuz, por ejemplo.[3]

Es raro, incluso en nuestros tiempos, que un escritor incluya la prosa de una escritora entre sus influencias principales, pero Rulfo lo hizo: María Luisa Bombal.[4] Debió reconocer una hermandad secreta en los muertos de *La amortajada,* esa novela que no se fiaba de la anécdota como centro ineludible de la narración, sino que procedía con suma libertad en otros registros del lenguaje y de lo real. Debió haber puesto mucha atención a esos murmullos que venían del más allá y, luego, debió haberse dejado seducir por sus ecos. Lo cierto es que cuando la conoció, junto con el también escritor y dramaturgo Efrén Hernández, Rulfo declaró: "Efrén Hernández quedó para siempre enamorado de Dolores del Río, y yo de la prosa de María Luisa

---

[1] Zarina Martínez Borresen, "Knut Hamsun en Hispanoamérica: hacia una revaloración", *Literatura Mexicana,* vol. 23, núm. 2, México, noviembre de 2012.

[2] Reina Roffé, *op. cit.,* p. 21.

[3] Véase, sobre todo, Jorge Ruffinelli, *El lugar de Rulfo y otros ensayos,* Veracruz, Universidad Veracruzana, 1980.

[4] Ana Miramontes, "Rulfo lector de Bombal", *Revista Ibeoramericana,* vol. lxx, núm. 207, abril-junio de 2004, pp. 491-520.

Bombal".[5] Entre el rostro y la prosa: los muertos. Una larga fascinación.

Poco documentada, aunque cada vez más clara, es también su afición constante por lecturas de textos no estrictamente literarios, en especial los libros de historia y las crónicas de la colonia, así como las investigaciones de antropología que dictaminó primero y, luego, editó ya cuando trabajaba en el Departamento de Publicaciones del Instituto Nacional Indigenista décadas más tarde. A juzgar por los comentarios detallados y más bien celebratorios de este tipo de material, resulta claro que estas lecturas no eran menores o circunstanciales, sino más bien centrales, incluso instrumentales, en el universo rulfiano. Igualmente imprescindibles fueron las lecturas relacionadas con las altas montañas de México y el mundo, y con el deporte que practicó con disciplina y pasión: el alpinismo. En su biblioteca personal figuraban, por ejemplo, desde *Volcanes de México. La actividad del Popocatépetl,* del Dr. Atl, hasta *La escalada del Cervino,* de Edward Whymper, pasando por *Montañas en llamas,* de Luis Trenkel, o *Cumbres y lomas,* de Marco Pallis. También se suscribió a la revista *Alpinismo,* cuyo primer número apareció en 1948, con lo que se convirtió en la primera publicación serial sobre una de las prácticas que conformaron de manera central el universo de ese excursionista que era ya un escritor. ¿Y no es suscribirse a una revista algo propio de un dandi?

Ya en 1930 Nellie Campobello, la escritora duranguense, había publicado ese pequeño libro inclasificable que fue *Cartucho* —una colección de "relatos de la lucha en el norte de México" que evadían un eje único y aceptaban una pluralidad de puntos de vista para conectar las visiones descarnadas de una niña con "[m]is fusilados, dormidos en una libreta verde. Mis hombres muertos. Mis juguetes de la

[5] Roberto García Bonilla, *op. cit.*, p. 102.

infancia"—.[6] No se equivocaba el escritor y crítico mexicano Jorge Aguilar Mora cuando conectaba, de manera estrecha, el mundo formal y temático de *Cartucho* con *Pedro Páramo*.[7] La novela de la Revolución, escrita hasta años recientes con el impulso de la experiencia y el testimonio directo, pasó en manos de Agustín Yáñez a una etapa de mayor experimentación formal. En 1947, apenas un año después de que Rulfo se afincara en la capital del país, Yáñez publicó *Al filo del agua*, por ejemplo. Además de los relatos realistas que contribuyeron a agrandar la agenda ideológica del Estado posrevolucionario durante las primeras décadas del siglo xx, la así llamada novela de la Revolución mexicana incluyó bajo sus alas libros que mezclaron, sin aparente riesgo, la autobiografía y el discurso histórico, el relato literario y la viñeta.[8] Ecos de esas escrituras colindantes atraviesan también los caminos de Comala.

Los debates entre una literatura viril y regionalista y su contraparte cosmopolita y refinada ya no cimbraban a las élites culturales de la ciudad del medio siglo como en décadas pasadas, pero cualquier lector —y Rulfo era un lector empedernido— estaba al tanto de los experimentos narrativos que habían llevado a cabo los Contemporáneos, mejor conocidos en su faceta de poetas. Hacia finales de la década de los años veinte aparecieron, así entonces, *Dama de corazones* de Xavier Villaurrutia, *Novela como nube* de Gilberto Owen y *Margarita de niebla* de Jaime Torres Bodet —novelas extrañas, en las que la anécdota apenas si desempeñaba un papel secundario y la atención puntual a las argucias del

[6] Jorge Aguilar Mora, "El silencio de Nellie Campobello", en Nellie Campobello, *Cartucho. Relatos de la lucha en el norte de México*, México, Era, 2000, p. 11.

[7] *Ibid.*, p. 33.

[8] Véase Mariano Azuela, *Los de abajo*, 2ª Ed., México, Fondo de Cultura Económica, 1960.

lenguaje provocaba clasificaciones, acaso facilonas, de prosa poética. Aunque más a manera de impulso que de escuela, mucho les deben a estos textos extraños los libros que, escapando del efecto centrípeto de la ideología oficial revolucionaria, fueron cavando las bases sobre las que luego se asentaría la otra novela, a la que llamaré ahora mismo *mexicana* sólo por el hecho de haber sido producida en México. Los cuentos de *El llano en llamas* y el mundo fragmentario y fantasmagórico de *Pedro Páramo* habrían sido simples anomalías sin este esfuerzo.

Pero en esos años, entre el iniciático 1933 y los culminantes 1953-1955, luego de ser rechazado en dos facultades de la Universidad Nacional —la de Derecho y la de Filosofía y Letras—, y obligado a llevar a cabo oficios varios para sobrevivir, Rulfo conoció al escritor Efrén Hernández (1904-1958), precisamente en uno de sus varios empleos adscritos a la Secretaría de Gobernación. De su mano en 1940 aparecieron noticias de las primeras páginas escritas por Rulfo —el capítulo de una novela intitulada *El hijo del desaliento,* por ejemplo, la cual desconocería no mucho tiempo después—. Ciertamente, en sus primeros años en la capital del país, allá cuando recién apartado del mundo rural que lo vio nacer Rulfo recorría, y al recorrer fundaba, la gran urbe, el escritor en ciernes estuvo cerca, sobre todo, de ese autor inclasificable y casi secreto, cuya relevancia en la futura obra rulfiana apenas si empieza a avizorarse.[9]

Hernández, un explorador de las vanguardias tanto en términos de narrativa como de teatro, utilizaba, como luego Rulfo, el recurso de la digresión, desatando hilos narrativos en textos en que la anécdota no constituía un eje central. Tal vez en ningún otro sitio como en el retrato que Rulfo le hizo a Hernández en el camino hacia el Iztaccíhuatl haya

[9] Efrén Hernández, *Obras completas,* Alejandro Toledo (comp.), México, FCE, 2008.

quedado plasmada con mayor claridad la relación silenciosa y emocionada que los unía. Ahí, rodeado de árboles que se antojan atemporales y coronado por la nieve sempiterna de la mujer dormida, ese volcán, aparece un hombre absolutamente solo. Delgado, con la cabeza inclinada hacia la tierra, Hernández no sólo no da la cara sino que también escatima hasta su sombra misma. Rulfo lo vio así un día.

SIEMPRE LLEVABA UNA ROLLEIFLEX

El efecto de extrañeza que produjo desde su inicio eso que Alfonso Reyes denominó la manera rulfiana de narrar sería también inexplicable, una mera anomalía más, si no se le conectara con el ejercicio constante y gozoso de la fotografía. Si se toma en cuenta que la publicación de su primer cuento data de 1945[10] y que la publicación de sus primeras fotografías es de 1949,[11] resulta del todo claro que el escritor

[10] "La vida no es muy seria en sus cosas", *América,* núm. 40.
[11] Véase *América,* núm. 59.

y el fotógrafo nacieron más o menos al mismo tiempo. Rulfo, se diría ahora, no sólo fue un escritor sino también, acaso sobre todo, un artista visual. El productor de textos producía, también, imágenes. El productor de imágenes producía, también, textos. Y viceversa. Y viceversa de la viceversa. Una producción colindante, diríase ahora. Un artista altamente interdisciplinario.

Que Rulfo otorgaba una importancia singular a su ejercicio fotográfico queda confirmado con la selección de las cámaras que utilizó con mayor frecuencia: primero una Leica con negativos en formatos 4 × 4 y, más tarde y por mucho tiempo, tres sucesivas Rolleiflex, una de ellas adquirida en Alemania, de formatos 6 × 6. Se trata, como lo saben los expertos, de equipo profesional. Son, al menos, siete mil placas, de las cuales sólo han sido publicadas aproximadamente 500. A juzgar por el número de exposiciones póstumas que, en número creciente, vagan errabundas por Europa y América Latina, el paso del tiempo no ha hecho sino acrecentar la huella de ese artista visual que responde también al nombre de Juan Rulfo.

Hacia finales de la década de los años cuarenta, por cierto, Rulfo aceptó además un empleo como agente de ventas con la compañía Goodrich-Euzkadi, tomando para sí esa casi olvidada profesión que compartiera con aquel famoso escarabajo de corte kafkiano que lo llevaría a atravesar vastas regiones de ese territorio convulsionado por los embates de la modernidad: la desigualdad social, sobre todo el legado de injusticia de una Revolución que había seleccionado con feroz precisión a sus beneficiarios. El mito del progreso en el momento mismo de su propagación. Todo parecería indicar que, como al mítico ángel de Benjamin, a Rulfo le interesaba la mirada en retrospectiva: esa que observa en todo detalle el desastre ocasionado por los vientos que lo jaloneaban hacia el futuro. La ruina era lo suyo, sin duda. Al empleado del gobierno o de la iniciativa privada le pagaban por viajar, pero del viaje se quedaba con algo que pertenecía sólo a sus ojos. El pedazo mínimo de realidad en la que se concentra, con todo su poder crítico, lo que, pudiendo haber sido, no fue. La violencia que detuvo toda esa serie de posibilidades. El momento de la decisión. Lo suyo era la ruina, en efecto, la que congregaba la curiosidad y los bolsillos de los turistas atraídos por un pasado monumental y exótico que un régimen comprometido a toda costa con el futuro se empeñaba en producir. De ahí, sin duda, esos ambivalentes rectángulos de papel albuminado donde quedaron las huellas de la pobreza descarnada, el abandono espectacular, la permanencia de los rituales religiosos, la risa que asustaba o asusta. De ahí esa cámara que, casi al ras del suelo, insiste en aproximar la línea del horizonte. Todo eso apareció también en los mundos de su escritura. Esa manera.

Pero Rulfo no sólo tomó placas de paisajes o rostros indígenas o edificaciones deterioradas. Respondiendo tanto a invitaciones personales como a contratos de trabajo, el artista visual también enfocó su atención en esas controladas representaciones de lo real que son las escenografías cinematográficas. En 1955, por ejemplo, aprovechó la filmación de *La Escondida*, película dirigida por Roberto Gavaldón, para hacer una serie de fotos en el transcurso de las grabaciones. Poco después, a expresa invitación de José Luis Martínez, Rulfo trabajó con las instalaciones de la estación de ferrocarriles y, a través de su lente, registró las líneas verticales de otra forma de transporte y otro modo de velocidad en el centro mismo de la ciudad.[12] Lo mismo hizo años más tarde, entre 1959 y 1960, cuando Antonio Reynoso dirigió el cortometraje experimental *El despojo*. Un año antes de publicar *Pedro Páramo*, Rulfo también tomó fotografías de los ensayos que el ballet de Magda Montoya llevó a cabo en Ameca-

[12] Juan Rulfo, *En los ferrocarriles. Fotografías,* México, UNAM-Editorial RM, 2014.

meca. No se trata de lo real, lo repito como si hiciera falta repetirlo, sino de la representación de lo real, y aún más: de la representación de la representación de lo real. El ojo rulfiano se detiene, pues, con igual cuidado en las texturas del deterioro, esa inscripción visible del tiempo sobre el mundo en tanto objeto, como en los *trompe d'oeil* de las figuraciones de la figuración. Esa puesta en abismo. Un teatro de la imaginación. Un ojo realista no habría hecho eso. Un ojo experimentalmente realista, un ojo realista *in extremis*, sí.

HISTORIA NATURAL DEL PAISAJE

Hay escritores que se sientan y hay escritores que caminan; Rulfo era de los segundos. Todos leen, de preferencia vorazmente, pero no todos leen el mundo con el cuerpo. Mejor dicho: con los pies. Hacerlo, darle valor a esa parte del cuerpo que perdió la batalla contra el prestigio de la mano, el intelecto y la posición erguida, nunca fue, como no sigue siendo, una elección arbitraria o inocente. ¿Será por casualidad que, en la actualidad, casi los únicos caminantes de verdad son niños?[13] En un mundo que se empeñaba en abrir nuevos caminos y cubrirlos todos con asfalto, propiciando ese encuentro acelerado con el entorno que prometían los motores de autos y camiones, Rulfo caminó. Un paso y otro paso, la respiración, que oscila. El que camina retarda las cosas. Otro paso y otro; otro más. El empeine, el tarso y el metatarso. El talón. El tobillo. La planta, que es siempre la planta de los pies. El que camina insiste en mantener el cuerpo en contacto constante con la superficie de la tierra.

Como para Walser, Rimbaud, Sebald, Debord o, más recientemente, Joshua Edwards, Rulfo hizo de la caminata

[13] Tim Ingold, "Culture on the Ground. The World Perceived by the Feet", *Journal of Material Culture,* vol. 9, núm. 3, 2004, pp. 315-340.

un método de conocimiento. Una manera de estar en el mundo y una manera de escribir el mundo. Más que una afición, caminar fue para Rulfo una pasión y, por contradictorio que parezca, una disciplina. Y, así, caminando, huyó de la ciudad también, organizando fugas esporádicas pero constantes a sus alrededores. Ya sobre caminos de tierra o sobre el asfalto de las calles citadinas, Rulfo recorría la Ciudad de México a pie, ciertamente, degustando los cambios del clima y los rostros de la gente. Pronto también se inscribió en clubes de alpinismo, como el Club Everest, que lo llevaron a explorar de cerca y de manera regular los volcanes del centro del país: el Popocatépetl y el Iztaccíhuatl incluidos, pero también el Pico de Orizaba, el Nevado de Toluca y el Zempoaltépetl, la montaña sagrada de las comunidades mixes de Oaxaca.

Fuera de la ciudad, en la intemperie de las grandes montañas, rodeado de árboles y de aire, Rulfo siempre da la impresión de estar contento. De ser feliz. Alguna fotografía lo retrata entre amigos, con el rostro pintado y dos cuernos sobre la frente, disfrazado de presa de caza. Varias de las imágenes que se han presentado como autorretratos se originaron, de hecho, en las cimas de las montañas a las que lograba llegar. Una de las fotografías más entrañables del escritor jalisciense lo retrata de espaldas a la cámara, pensativo, pipa en boca, en el pico del Fraile del Nevado de Toluca. Las lagunas del Sol y de la Luna literalmente a sus pies.

Sus empleos como agente de ventas, como asesor de la Comisión del Papaloapan y como burócrata del Instituto Nacional Indigenista sin duda contribuyeron también a afianzar su gusto por el viaje terrestre, el deslizamiento que lo pegaba más a la tierra. Que Rulfo llevaba los ojos bien abiertos en todas y cada una de sus andanzas queda muy claro al mirar, incluso si es sólo de reojo, sus fotografías. Ahí están, íntimamente relacionadas con las minuciosas descripciones de sus libros, las imágenes que poco a poco, y de manera por demás consciente, dan cuenta del proceso de producción del paisaje rulfiano. Se sabe, por supuesto, que el paisaje no está ahí, inerte y definitivo. Se sabe que el paisaje es natural sólo a medias. Lo que sucede entre el horizonte y la mirada: eso es el paisaje. El escritor, por cierto, fue más bien claro y explícito respecto de la necesidad de "inventar", es decir, de producir un paisaje propio. En el capítulo dos, intitulado "Hacia la novela", del libro *Los cuadernos de Juan Rulfo,* se lista una serie de elementos —aparentemente relacionados— bajo el mote de "Hay demasiadas cosas intraducibles": "Hay demasiadas cosas intraducibles,/pensadas en sueños/intuidas/a las cuales uno puede encontrarles su verdadero significado solamente con el sonido original... el color./Inefable. El idioma de lo inefable/La aventura de lo desconocido/Inventar un paisaje/ o un nuevo paisaje de México". De eso, entre otras cosas, se trata también la escritura y la fotografía de Juan Rulfo. Los dos elementos entremezclados.

Si, como asegura Eric Santner, "la fotografía es un medio privilegiado porque parece funcionar como un sitio de comercio con los muertos (o mejor dicho, con los no muertos)", no es de extrañarse que el autor de *Pedro Páramo* mantuviera una relación estrecha y constante con la fotografía a lo largo de su vida. Y aquí vale la pena añadir que su trabajo con la fotografía antecedió al de la escritura y que, además, continuó una vez que terminó su obra literaria en 1955. Así, mirando con absoluta atención su entorno y capturando desde rostros hasta edificios, desde plantas hasta vistas panorámicas, Rulfo se dedicó en realidad a documentar una historia natural de ese nuevo paisaje mexicano de creación personalísima y propia.

La historia natural según Walter Benjamin, la historia natural da cuenta de cómo "las formas simbólicas a través de las cuales se estructura la vida pueden vaciarse de sentido, perder su vitalidad y descomponerse en una serie de significados enigmáticos, jeroglíficos que de alguna manera continúan dirigiéndose a nosotros —llegando a nuestra piel psíquica— aunque ya no poseamos la llave de su significado". El punto en la definición benjamineana, así como en la obra de Rulfo, no sólo es identificar esos pedazos de cultura material donde han quedado las huellas de otras, más lejanas o remotas, acaso olvidadas, sino crear una estructura donde el autor y el narrador, y junto con ellos el lector, queden expuestos al enigmático llamado que de ellos emanaba y emana. Estar expuesto, construir una obra expuesta y vivir una vida expuesta a todos esos llamados es lo que Eric Santner llamó la "vida de la criatura". No sé si Rulfo consiguió vivir la "vida de la criatura" cada uno de los días de su vida, pero sí estoy segura de que esa vida expuesta es una parte fundamental de su trabajo como artista visual y como escritor de textos experimentales de mediados del siglo xx.

HABÍA MUCHA NEBLINA O HUMO O NO SÉ QUÉ

Aunque su narrativa se hizo de paisajes rurales y en efecto tocó temáticas asociadas a las relaciones humanas en pequeños poblados alrededor de haciendas específicas, Rulfo intentó menos dar un recuento de su época que producir una realidad textual de singular contenido personal. Nótese aquí la diferencia entre el sustantivo *recuento* y el verbo *producir*. Atendiendo a sus propios murmullos y honrando los derroteros de su propia materia, Rulfo elaboró universos narrativos en los que la única referencia real (esto lo aseguraría él mismo de forma más bien parca en una entrevista para la televisión española) era "la ubicación" y de los cuales sustrajo también "todas las moralejas".[14]

[14] Entrevista de Joaquín Soler Serrano para RTVE A Fondo, Madrid, 1977.

Se trata de dos estrategias que, avanzando en sentido contrario, producen un efecto de extrañeza. Del realismo extremo del detalle a la ausencia de una línea anecdótica que concatene la narración, en efecto. Tanto en la Comala de *Pedro Páramo* como en los llanos de sus cuentos hay, así, una abundancia de detalles precisos, de datos comprobables, acerca de la flora y la fauna, la arquitectura y el clima, que alcanzan a convertirse en verdaderas fotografías de los paisajes de su natal Jalisco y de los muchos otros que conoció en vida. Más allá de Sayula, cerca de Contla, "blanqueando la tierra, iluminándola de noche", Comala aparece por primera vez rodeada por el "olor podrido de las saponarias". Luego de una primera inspección, se asoma la capitana, "una plaga que nomás espera que se vaya la gente para invadir las casas". Poco a poco, ese pueblo solitario habitado por ánimas se irá poblando de detalles múltiples y, dependiendo de la evocación de los personajes, contradictorios. En la imaginación nostálgica de la que se fue para nunca regresar —Dolores Preciado—, Comala es todavía lo que solía ser: una llanura verde y amarilla con aromas de "miel derramada". En el registro apasionado de Pedro Páramo coexisten la lluvia y los "crepúsculos ensangrentados del cielo", los árboles de granado y las "gallinas engarruñadas". Las estrellas fugaces, las bandadas de cuervos, las copas verdes de las casuarinas, los tordos de la tarde, el romero, la parvada de chachalacas, el tomillo, los gorriones, la calidad del viento: una plétora de elementos sensoriales le dan a Comala, en efecto, una ubicación real. Comala ciertamente existe. Es más: Comala palpita.

Pero en ambos libros hay también, por otra parte, y al mismo tiempo, una clara renuncia a incluir "moralejas", a dar explicaciones, a producir lo que ciertos expertos llamarían arcos narrativos. Esto: Juan Preciado vino a Comala porque le dijeron que acá vivía su padre, un tal Pedro Páramo. O esto otro: Estoy sentado junto a la alcantarilla aguardando a que salgan las ranas. O esto: Un grupo de hombres van sobre un camino hacia un pueblo y, mientras tanto, oyen el ladrar de los perros. Uno de ellos lleva una gallina bajo su gabán. Pudiendo detallar el origen y el porqué, contextualizando a la usanza de las prácticas de la escritura oficialista de su época, Rulfo, en cambio, sigue la acción de cerca sin preocuparse por volver explícitos, borrándolos de hecho, los vínculos que van de una a otra escenas. Así, por ejemplo, replicando el estupor del personaje de *Pedro Páramo* que, en lugar de enfrentarse a un pueblo con el aroma del azahar de los naranjos, se interna en un sitio lleno de ruinas y de silencio, la narrativa registra lo visto y lo oído, es decir, lo percibido, sin proveer explicaciones de las que carece el personaje mismo. Juan Preciado no sabe en la que se ha metido, eso es cierto. El lector tampoco. Y no existe por ningún lado la figura del narrador omnisciente que ponga todo en claro. El autor, con todo y santo y seña, yace desaparecido. Si el lector desea saber qué le sucede al personaje después de haber llegado en compañía del arriero Abundio Martínez, también hijo de Pedro Páramo, a Comala, el último tendrá que experimentar en carne propia el desconcierto y el miedo y el frío y todas y cada una de las experiencias del primero. El lector tendrá que oír los ecos de los idos justo de la misma manera en que atraviesan el cuerpo de Juan Preciado. El lector de *Pedro Páramo* tendrá que ser, en este sentido, también y, sobre todo, su personaje más sentido.[15]

La "ubicación" de Comala, luego entonces, es "real". Y sus personajes avanzan por sus linderos sin la protección de la

[15] Ricardo Piglia, "¿Qué es un lector?", *El último lector*, Barcelona, Anagrama, 2005, p. 19-38.

Ver también José Ramón Ruiz Sánchez, "Juan Rulfo: Pedro Páramo promesa incesante" en *Historias que regresan. Topología y Reparación en la segunda mitad del siglo xx mexicano*, México, FCE, 2012, páginas 159-191.

Marie-Agnès Palaisi-Robert, *Juan Rulfo: l'incertain*, Paris, L'Harmattan, 2003.

moraleja. A partir de estas dos premisas surge el mundo fantasmagórico que Juan Rulfo alguna vez denominara *Los murmullos*, o *La estrella junto a la luna*, o también *Los desiertos de la tierra*. Enraizado en la tradición católica cara al mundo rural, Comala prefigura ese tercer estado, diríamos ahora, ese estadío liminal entre el cielo y el infierno, entre lo irreal y lo real: Comala es el purgatorio. Los toponímicos, por otra parte, no hacen sino acentuar la condición fluctuante de todo terreno rulfiano: desde Los Encuentros, que es donde Juan Preciado coincide con Abundio Martínez, el sordo que oye bien, hasta el rancho de En Medio, la Media Luna o el Mediotecho, bajo el cual medio se agazapan los hermanos incestuosos. Que en un arranque de frustración Juan Preciado haya querido acusar a su madre de haberse equivocado de dirección, de haberlo mandado al "¿Adónde es esto y dónde es aquello?", sólo enfatiza la resbalosa inestabilidad del suelo comalense. Por ahí vagan las ánimas de los muertos y las ánimas de los vivos, conviviendo en singular interacción. ¿Y cómo pedirles explicaciones terrenas o moralejas con recaudo a las ánimas en flor? Rulfo, atento a su materia, traslada esa imposibilidad al tendido mismo de su relato.

La renuencia ante las moralejas está en la raíz misma de la fragmentación del texto rulfiano. Un autor que se niega a dar las explicaciones de las que carecen sus personajes tiene, por fuerza, que eliminar los vínculos explicativos con los que se confecciona tradicionalmente el relato realista. Así, *Pedro Páramo* es una novela dividida en 68 fragmentos cuya conexión no estriba en el desarrollo lineal de la cronología o de la aclaración. El reto de su estructura (y éste es el término que una y otra vez utilizara el autor para referirse al principio de construcción de su novela) responde de manera directa a la estructura misma del mundo liminal que es Comala. Las reglas inéditas del texto rulfiano van, así, orgánicamente entrelazadas a la materia con la que trata. Más que ir a contracorriente de las tradiciones imperantes, la experimentación rulfiana va a favor de su propio instinto. El texto rulfiano, por ello, no refleja ni representa realidad alguna. El texto rulfiano, como todo texto verdadero, se propuso algo a la vez más descabellado y más simple: producir su propia realidad. Instaurar sus propias reglas. Atender a sus propios murmullos. Honrar su propia materia. Juan Rulfo produjo así prácticas de escritura y de lectura con las que se inaugura la modernidad mexicana. Juan Rulfo es, en ese sentido, nuestro gran experimentalista.

LO QUE PASA ES QUE YO TRABAJO

Son numerosos los escritores que describen su encuentro con los libros de Juan Rulfo como un momento crucial de asombro y liberación confundidos. Generalmente bien recibida por la crítica tanto de su tiempo como posterior, la obra rulfiana generó especial entusiasmo entre aquellos escritores que buscaban con avidez nuevas rutas de exploración. No es de extrañarse, luego entonces, que autores tan diversos como Gabriel García Márquez o Sergio Pitol, por mencionar sólo a dos, reaccionaran casi de inmediato con un gusto y un asombro irrevocables.[16] En sus respuestas, como en tantas otras, no sólo queda la huella de la admiración que surge ante lo conocido sino también, acaso de mayor importancia, está ahí también el extraño estupor que marca las cosas hasta ese momento inconcebibles. ¿Cómo pudo un hombre de provincias, de poco menos de cuarenta años, casado y con hijos, que había desempeñado, además, oficios tan variados como el de oficial de inmigración y agente de viajes para una compañía de neumáticos, componer un universo de escritura y de lectura tan lejano a la tradición imperante?

[16] Gabriel García Márquez, "Breves nostalgias sobre Juan Rulfo", *Inframundo: El México de Juan Rulfo,* Monterrey, Ediciones Del Norte, 1984, p. 23-25.

Acaso la respuesta a esta interrogante se encuentre en la pregunta misma: únicamente un hombre nacido lejos de la Ciudad de México, sólo de manera tangencial vinculado con los círculos literarios de la época, habituado a leer con avidez tanto dentro como fuera de los cánones establecidos, y con una rica y muy privada vida personal, pudo haber transgredido, sin afán principista alguno, los gestos automáticos de la literatura circundante y haber puesto de manifiesto una versión resumida e íntima de las enseñanzas de la vanguardia. Porque si Rulfo es, en efecto, nuestro gran escritor experimental, habrá que decir que lo es tanto dentro del texto como fuera de él. Con él no sólo se inauguran o se develan rutas inéditas en el mapa literario mexicano sino que también surgen maneras singulares y alejadas del ejercicio del poder cultural, de vivir esos procesos de escritura.

En el México de medio siglo, cuando escritores de la más diversa índole comprendían, y empezaban a utilizar a su favor, los beneficios de una relación estratégica, y más o menos velada, con el Estado mexicano, la reticencia rulfiana no deja de ser especialmente notoria. Después de todo la hegemonía del Estado posrevolucionario descansó, al decir de muchos, en el uso estratégico y más bien flexible de una arena cultural dinámica y abiertamente inclusiva. Así, evadiendo tanto el margen minimalista de un Efrén Hernández como la afanosa búsqueda de prominencia de un Octavio Paz, más que encontrar el punto medio, Rulfo fundó un lugar a la vez incómodo y tangible para el escritor mexicano moderno. Una posibilidad. Rulfo aceptó, como tantos otros, el apoyo económico indirecto de agencias extranjeras como la CIA, al menos a través de las becas Rockefeller con las que se financió el Centro Mexicano de Escritores, el cual fue fundado en 1951 gracias a los esfuerzos y las conexiones diplomáticas de la estadounidense Margaret Shedd. Ahí, en lo que fuera tal vez el primer experimento de exportación de los tradicionales programas de escritura norteamericanos al extranjero, como el fundado en la Universidad de Iowa con recursos de la Guerra Fría, se entrenaron muchos de los escritores que pronto se convertirían en el canon mexicano, de Carlos Fuentes a Elena Poniatowska, de Salvador Elizondo a Ricardo Garibay, entre tantos más. De acuerdo con Patrick Iber, la CIA, además, adquirió a finales de los años sesenta un pedazo de tierra no lejos de la Ciudad de México, esperando que Juan Rulfo volviera a escribir y pudiera, así, competir con la fama de escritores comunistas populares en sus tiempos, como Pablo Neruda. No hay que olvidar tampoco que Juan Rulfo estuvo también en las nóminas de El Colegio de México y del Fondo de Cultura Económica en periodos diversos y por razones que nunca fueron explícitas ni oficiales.[17] Así, pues, he aquí a un Rulfo notorio, sí, pero rodeado de distancias. Asequible a traducciones y reediciones, pero modesto en presentaciones públicas y contacto con los incipientes medios. Sin rechazar instituciones y grupos culturales, pero autónomo de ambos en la procuración de sus medios de vida.

Calificado por Vila Matas como un escritor del No, Rulfo fue tomando decisiones peculiares como autor de una obra cada vez más reconocida tanto a nivel nacional como internacional.[18] Muchas de esas decisiones acaso tuvieron que ver con aquella respuesta escueta, seguramente impremeditada, que en ocasión de su recepción del Premio Príncipe de Asturias le dio a un entrevistador de la televisión

---

[17] Sobre la relación de Rulfo con la CIA, véase Patrick Iber, *Neither Peace nor Freedom: The Cultural Cold War in Latin America*, Estados Unidos, Harvard University Press, 2015, y *How the CIA Bought Juan Rulfo Some Land in the Country: Meditations on Eric Bennett's "How Iowa Flattened Literature"*, Society for U.S. Intellectual History, 2014. También útil para entender las dinámicas de los programas universitarios de escritura en los Estados Unidos, Eric Bennett, "How Iowa Flattened Literature", *Chronicle of Higher Education,* 2014.

[18] Enrique Vila Matas, *Bartleby y Compañía*, Barcelona, Anagrama, 2000.

española cuando éste trataba de indagar en los vericuetos de su proceso creativo.

—Lo que pasa es que yo trabajo —contestó Rulfo, atajándolo.

Esto era lo que pasaba.

Aunque éstos fueron los años en que Rulfo fue escribiendo poco a poco los cuentos que luego formarían parte de *El llano en llamas,* los fragmentos que terminarían formarían parte de *Pedro Páramo,* y los muchos textos breves que dedicó a la arquitectura mexicana y a la historia, sobre todo colonial, del país, Rulfo tenía que atenerse a las reglas de su trabajo. Lo que pasaba era que. En efecto.

¿Pero qué era trabajar a mediados del siglo xx para un escritor?

A finales de 1952, cuando ya sabía que tendría la beca del Centro Mexicano de Escritores el año siguiente, su situación vital era ésta:

Me sentía desgastado físicamente como una piedra bajo un torrente, pues llevaba cinco años de trabajar catorce horas diarias, sin descanso, sin domingos ni días feriados [...] En vísperas de Navidad, recalé en la fábrica, iba a cambiar las llantas, cosa que hacía cada 20 o 30 kilómetros [...] De paso se me ocurrió pedir que le instalaran radio al automóvil [...] Aquello no sólo resultó imposible sino que hasta infamante [...] Hubiera visto usted a esos cabrones, hijos de la industria pesada, ir todos a tallar las llantas para calcular su desgaste. Ya para ese momento yo había tomado una decisión: mandarlos a la chingada [...] Ésa fue la coyuntura que aproveché para salirme de su infierno [...] Ya para entonces no sólo tenía quebrantado el cuerpo, sino adolorida el alma... [19]

En ese estado de ánimo, entre la frustración de las reglas de "los hijos de la industria pesada" y la naciente euforia de la esperanza, así fue escribiendo Rulfo su versión final de *Pedro Páramo.*

[19] *Ibid.,* p. 128.

Es cierto que, a simple vista, Rulfo únicamente publicó dos libros y que, después, dejó de escribir. Pero esta realidad por todos conocida nunca quiso decir que Rulfo hubiera dejado de producir una obra que tomó vericuetos distintos y altamente singulares para la época. Rulfo aceptó, por una parte, la afanosa ayuda de los colegas que buscaban, y conseguían, traducciones de sus libros, pero en lugar de concentrarse en la acumulación de la obra personal, editó por muchos años textos de antropología e historia para el Instituto Nacional Indigenista —un trabajo cuyas demandas al decir de biógrafos y lectores especializados no eran muchas, pero cuyo horario cumplió, al menos durante las etapas iniciales, de manera más bien medrosa—. Si esto es cierto, entonces he aquí no sólo al Rulfo que dejó de publicar, sino también, acaso sobre todo, al Rulfo editor que publicó de otra manera. Habrá que tomar en cuenta también que, en lugar de multiplicar su obra literaria como era de esperarse, Rulfo encauzó algunas de sus energías en el ejercicio de la fotografía, sin dejar de lado sus incursiones en el cine. He aquí a Rulfo en su activo papel de artista visual, continuando con su producción de otra manera. En lugar de convertirse en el literato oficial del régimen, continuó con un empleo que le permitía, entre otras cosas, mantener a su familia. He aquí al Rulfo proveedor. En lugar de buscar, ya activa o pasivamente, posiciones en la burocracia cultural, ejerció su gusto por la conversación y el discurrir literario en un Centro Mexicano de Escritores financiado de manera indirecta por la CIA y en el mundo semiprivado del café y el bar. He aquí al Rulfo bohemio. ¿Qué significaba, entonces, trabajar para un escritor de medio siglo que se veía a sí mismo, además, como el proveedor de una casa? Significaba, entre otras cosas, caminar sobre dagas. Recibir dinero de una industria que detestaba como inhumana y dañina, o recibir dinero del Estado mexicano y, al menos a través del CME, de acuerdo con Patrick Iber, de Estados Unidos. Significaba decir que estaba enfermo de cualquier cosa con tal de escaparse de su trabajo y así salvaguardar algunas horas de escritura aquí y allá. Significaba mentir. Y ser infeliz. Y ser capaz de mantener una familia en crecimiento. Y comprar unos libros. Y viajar, también, viajar por el país. *Lo que pasa es que yo trabajo.* Se refería, sin lugar a dudas, a las horas diarias que, a lo largo de su vida, fue dejando en diversas oficinas tanto de la iniciativa privada como en el Instituto Nacional Indigenista. Ese "lo que pasa es que yo trabajo" hacía, pues, referencia a la interrupción que representaba ese trabajo, a las necesidades que satisfacía, a la independencia que otorgaba. Todo junto y todo a la vez.

Hace no tanto Piglia se ponía de lado de una historia material de la literatura. Se refería a una historia de la escritura que tomara en cuenta, esto de manera fundamental, la forma en que los escritores se ganaban la vida: sus trabajos, sus preocupaciones, sus arreglos, sus negocios, sus becas, sus publicaciones. Las cartas que Juan Rulfo le escribió a Clara Aparicio, quien en 1948 se convirtió en su única esposa, "además de ser de amor, son también un registro del amor que le profesaba", constituyen un registro de ese andar cotidiano que, en conjunto con sus libros, configura su ética como escritor y como ciudadano.

"Estoy pensando que te estoy escribiendo una de esas cartas que les dicen de amor", le escribió, por ejemplo, un 4 de septiembre de 1947, "pero no te creas, esta carta es de puros negocios". De buen humor y autoparódico, Rulfo era, para entonces, un hombre de treinta años que, huérfano, había dejado su natal Jalisco para internarse en los vericuetos del trabajo y de la vida cotidiana de la Ciudad México con la idea, a veces más soterrada que explícita, de escribir. Unos años antes, entre 1942 y 1946, había publicado ya sus primeros cuatro cuentos ("La vida no es muy seria en sus cosas", "Nos han dado la tierra", "Macario", "Diles que no me maten"), tanto en la revista *América*, en cuyo consejo de colaboraciones apareció desde 1942, como en la revista *Pan*, en la que se solía cobrar, en lugar de pagar, a sus colaboradores. Así, con un empleo como agente viajero de un negocio de neumáticos, un trabajo sin relación alguna con la literatura pero que le permitía viajar por todo el país, con cuatro publicaciones en su haber y un cortejo largo y sinuoso y constante, Rulfo enumeraba en sus cartas de amor, con el gusto detallado del anticuario y la mirada pragmática del hombre de todos los días, una larga lista de negocios, como parece ser que llamaba a los asuntos de la vida cotidiana, especialmente a los relacionados con el matrimonio. Ahí estaba, ciertamente, el tema espinoso de los posibles aumentos de sueldo y la rabia ante instancias de injusticia laboral. También abundaban las preocupaciones por el dinero, o su falta, como al tratar el asunto de la renta del departamento y su ¿desesperada? compra de diez boletos de lotería con los cuales terminó por no ganarse nada. Ahí se registró incluso la mítica lista de enseres que se requerirían en la cocina, la descripción detallada del vestido de novia, y hasta la feliz noticia de que "la tía Lola ya nos regaló la olla Presto".

Lo dicho: sólo un hombre de provincias, con esa atención desmedida ante su entorno, apegado hasta la médula a las cosas de la tierra, pudo haber traducido los murmullos cotidianos en pura escritura.

Breve historia de dos párrafos y un modo verbal

El padre Rentería se acordaría muchos años después de la noche en que la dureza de la cama lo tuvo despierto y después lo obligó a salir. Fue la noche en que murió Miguel Páramo.

Juan Rulfo,
Pedro Páramo, p. 62,
fragmento 39,

≠

Muchos años después, frente al pelotón de fusilamiento, el coronel Aureliano Buendía había de recordar aquella tarde remota en que su padre lo llevó a conocer el hielo.

Gabriel García Márquez,
Cien años de soledad, p. 1

Primera coda

Rulfo se refirió varias veces a *Pedro Páramo* como "una novela de fantasmas que toma vida y después la vuelve a perder". También llegó a asegurar, especialmente cuando se le invitaba a elaborar sobre la referencialidad de la misma, que "lo único real [era] la ubicación", comentario que por sí mismo azuza toda una serie de elucubraciones sobre los nexos que van de Rulfo como paisajista, tanto en términos verbales como visuales, a Rulfo como un autor no realista. Dijo también en más de una ocasión, sobre todo cuando discurría sobre la estructura de *Pedro Páramo*, que de ese libro había eliminado todas "las moralejas", acaso el vocablo que utilizara para denominar el contenido o lo meramente tramático de la novela. Así, entre una cosa y otra, decidiendo a contracorriente de una tradición literaria realista, fincada en la referencialidad histórica y en las bondades de la anécdota, Rulfo extrajo al cuerpo de la cárcel de sus muchos deberes para, en cambio, hacerlo dudar y, sobre todo, para hacerlo decirse y enunciarse (¿anunciarse?, ¿denunciarse?) de otra manera. Experimental en el sentido en el que lo son aquellos libros que establecen sus propias reglas, *Pedro Páramo* saca a la modernidad mexicana de la historia *como realmente pasó*, de la historia como contexto o como *continuum*, para llevarla al espacio liminal donde, a fuerza de convivir con fantasmas, los cuerpos de esa historia pueden ser y dejar de ser y ser una vez más en su propio terror o en su sueño alucinado o en su interrupción redentora.

Con personajes fantasmagóricos que, sin embargo, se expresan en los registros más austeros de la oralidad cotidiana y desarrollándose en sitios liminales que pertenecen por igual a la geografía terrestre y al sueño o al más allá, la narrativa rulfiana se alejó de la reinante tradición realista latinoamericana, haciendo también caso omiso de los vínculos, para algunos connaturales, entre la anécdota y la narrativa.

Sus textos, que en sentido estricto son acerca de poco o de nada, fueron construidos de acuerdo con estructuras (y ésta es la palabra que el mismo Rulfo utilizaba especialmente al describir el principio de construcción de su novela) fragmentarias que, abriendo el relato en secciones aparentemente inconexas, retan el desarrollo lineal tanto del tiempo como de sentido y, en concreto, del texto mismo. Un terreno en el que confluyen, con el mismo peso, tanto los susurros de los muertos como las preocupaciones de los vivos.

DOS MANERAS DE ENUNCIAR LA MODERNIDAD

Habrá que decirlo con toda serenidad: a juzgar por el número de libros vendidos, Octavio Paz no es un poeta sino un ensayista. De acuerdo con cifras publicadas no hace mucho, el texto de Octavio Paz que más se ha distribuido y se distribuye en México no es un libro de poesía y ni siquiera un tratado sobre teoría poética o un ensayo sobre arte. Su legado, al menos el que le queda al lector de a pie, está en otro sitio. Octavio Paz es *El laberinto de la soledad*. Es sabido, por supuesto, que la poesía de Paz ha sido y seguirá siendo estudiada a profundidad por lectores especializados tanto dentro como fuera de la academia. Es sabido, por supuesto, que la poesía, sea de Paz o no, en general no vende (y por ello valdría la pena preguntarse, por ejemplo, por el libro más vendido de otros poetas mexicanos que combinaron la escritura de sus poemas, como lo han hecho no pocos, con el ensayo). Ninguna de estas dos afirmaciones anteriores borra el dato: el libro más leído de Octavio Paz es, y por mucho, ese ensayo publicado originalmente en 1950, en pleno auge alemanista. En sus páginas, un Paz de treinta y seis años resumió una lectura atenta de Samuel Ramos y de algunos historiadores más bien convencionales pero franceses para construir, con retórica elegante y a todas luces convincente, una versión de la modernidad mexicana que, con el paso de los años y con ayuda de su incorporación como lectura requerida en escuelas públicas y privadas tanto en México como en el extranjero, ha sobrevivido, a veces se antoja que no con la suficiente polémica, hasta nuestros días.

Juan Rulfo tenía más o menos la misma edad cuando, apenas unos cinco años después, en 1955, publicó *Pedro Páramo*. Vivía en la Ciudad de México desde 1947 y, en tanto autor de una obra, esto habrá que decirlo también con la serenidad del caso, fue un autor citadino. Y su contexto vital, su contemporaneidad, no fue ni la Revolución mexicana de 1910 ni la Guerra Cristera de 1926-1928, sino el proceso de modernización de tintes claramente urbanos de mediados de siglo. Su ir y venir, su estar en la carretera, su caminar hacia fuera de la ciudad para regresar a ella de nueva cuenta, ése era su contexto material, siempre resbaladizo, siempre cambiante. Mercurio sobre papel. Agua contra roca.

Pedro Páramo y *El laberinto de la soledad* son, pues, libros tutelares que, una vez más a juzgar por el número de ventas y el número de estudios dedicados a sus páginas y el número de traducciones, produjeron las primeras y más permanentes lecturas de la modernidad mexicana. Se trata, así entonces, de libros *in situ*. *El laberinto de la soledad,* éste es mi argumento, es una obra que, resumiendo el conocimiento de un *statu quo* nacional e internacional, mira hacia atrás: hacia los albores del silgo XIX. Se trata de un libro eminentemente antimoderno, más hecho para contener el embate de lo nuevo (y desconocido) que para encarnarlo. *Pedro Páramo,* escrita en el umbral de la ciudad por un inmigrante afecto a lecturas periféricas, y a las largas caminatas por la ciudad y sus alrededores, es un libro que mira, en cambio, hacia donde estamos aquí y ahora. En el umbral del siglo XX, justo en su cintura más enigmática, ahí están dos puertas: una que se abre paso hacia la jerarquía formal y social del siglo

XIX, que no a pocos todavía les resulta deseable, y otra que se desplaza, con la extrañeza del caso, hacia lo que todavía en 1955 (e incluso ahora) no sabíamos pero avizoramos.

Son libros distintos, se entiende, puesto que pertenecen a tradiciones literarias tan aparentemente apartadas como el ensayo y la ficción, pero no son libros incomparables. Son libros de su tiempo y son, además, libros que ha (a)probado el tiempo. Cada uno responde a un temperamento, a una estética, a una (más o menos enunciada) política. Pero ambos discurren, con herramientas que les son propias, sobre esa modernidad que los conforma y a la cual, a la manera misteriosa de los libros, que no es otra cosa más que la lectura de los mismos, configuran también. Independientemente de la temática que abordan y el género dentro del que se inscriben son libros que se ven de frente, sin hablar, o hablando lenguajes distintos, pero que se comunican igual. Repito: no se trata de un diálogo entre un México rural y un México urbano. De la orfandad al sexo, pasando por la pobreza, el humor, la raza y el más allá, estos dos libros han dialogado sin tapujos pero desde trincheras diferentes sobre el tiempo y el espacio que los contiene a ambos.

Habrá que decirlo de nueva cuenta y también con serenidad: a juzgar por el número de libros vendidos (y traducidos), Juan Rulfo es *Pedro Páramo*. Su legado, incluso para el lector no profesional y a pesar de la belleza de su trabajo fotográfico, está ahí. Su legado dice, sobre todo: la realidad es extraña y está fragmentada en mil pedazos. Piensa en ella, tócala. Nada está resuelto hasta que tú lo leas. Dice: Juan Rulfo no existe: existes tú. Empieza.

COMALA-CHERNOBYL

Si todo mundo desapareciera de la faz de la tierra, 441 plantas nucleares, algunas con reactores múltiples, funcionarían por un periodo breve de tiempo en automático hasta que, una a una, se sobrecalentarían. Puesto que los calendarios de recarga están configurados para que algunos generadores trabajen mientras otros no, posiblemente la mitad de ellos se quemaría, y el resto terminaría derritiéndose. De cualquier modo, el derrame de radioactividad en el aire, y en los cuerpos cercanos de agua, sería formidable, y duraría, en el caso del uranio enriquecido, hasta tiempos geológicos.

ALAN WEISMAN,
The World Without Us, p. 213

Y esto fue nada en comparación con lo que pasó en Comala cuando Pedro Páramo se cruzó de brazos. La mirada en el horizonte, perdida. El gran No Amado.

III

ANGELUS NOVUS SOBRE EL PAPALOAPAN

Una bandada de cuervos

                    pasó

                         cruzando el cielo
                              vacío,

haciendo

                                             cuar,

cuar,

                         cuar

EL MENSAJE DE LA TÉCNICA

"Del Papaloapan/el aire cobra su frutal acento,/y en su dulce piscina de gardenias/el acuático sol toma su baño/en su torso de niño al descubierto.../entonces los pulmones del gran río:/el cedro, la caoba, el guanacastle;/en su respiración selvática y profunda/ inundan de oxígeno la sangre/que ha de salvar la vocación de México."[1]

Así inicia Luciano Kubli su segundo poema civil —un canto de celebración del río Papaloapan en el que convergen por igual, y sin aparente contradicción, el encomio a la naturaleza y el elogio a la tecnología que busca modificarla—. En efecto, dividido en dos secciones —la técnica al servicio de México y el hombre al servicio de México—, *El Papaloapan. Testamento social de un río* alaba la poderosa presencia del afluente a través del sureste de México, sin dejar de reconocer en ningún instante los esfuerzos realizados por el alemanismo para encauzar sus aguas. No por nada el libro va precedido de un escueto comentario: "El presidente Alemán rubricará su legado administrativo con el signo nacional del Papaloapan". Y una dedicatoria: "A don Alfonso Ruiz Cortines, leal y recio continuador de la magna obra administrativa del presidente Alemán". Publicado en 1951 por Luciano Kubli, un periodista y poeta que había estado a cargo del Departamento de Acción Cívica durante los años

[1] Luciano Kubli, *El Papaloapan. Testamento social de un río. Segundo poema civil*, México, Stylo, 1951.

de gobierno del general Cárdenas y cuyas publicaciones habían aparecido también en *Redención,* el periódico garridista de Tabasco, *El Papaloapan* parece extender sin problema alguno aquel canto a favor de la tecnología y la vida moderna que había sido la marca misma del estridentismo, pero esta vez ligado de manera estrecha a los designios de los gobiernos del así llamado Milagro Mexicano de mediados del siglo xx. Lejos de ser vanguardista, la lírica se coloca aquí al servicio de la técnica en una posición supeditada y acrítica; aún más, se pone al servicio del proyecto principal, sin duda, del gobierno de Miguel Alemán: la Comisión del Papaloapan, fundada en 1947, con una erogación final de 267 184 834 pesos.

No faltan aquí y allá, en este largo poema civil, las líneas en que se registra cierta melancolía por lo que fue: "Ya no eres libre, río, te arrendaron/con inflexibles riendas de concreto/y en la grupa rebelde te dejaron/el galápago frío del acero;/ya no estás libre y sin embargo/puedes sembrar el golpe de tus cascos/y derribar los árboles del sueño/con tu alegre relincho temerario."[2]

Pero en ningún momento se pone en duda la relevancia de un proyecto que, de acuerdo con la versión oficial del gobierno desarrollista, terminaría por llevar el progreso y la modernización a un área olvidada pero rica en recursos naturales, pobre pero capaz de enmendar sus modos hacia el camino de lo que aquellos en el poder llamaban civilización: "Si la armonía se traduce en números/y en una cifra caben:/el verso, la canción/y hasta la rosa,/el CONSTRUCTOR escribe partituras/en las pautas modernas del andamio,/y el pueblo que interprete su sentido/ en esa sinfonía se ha salvado."[3]

[2] *Ibid.,* p. 65.
[3] *Ibid.,* "El mensaje de la técnica", p. 97.

Tal vez porque la resistencia más feroz a los trabajos del Papaloapan emergió "en la parte alta, montañosa y sin vías de comunicación, que corresponde a Oaxaca" es que el poeta cívico se detiene por unos instantes en este territorio muy al inicio de *El Papaloapan:* "Los brazos morenos de Oaxaca/te sirvieron de cuna,/—oh, río, que afloró de la leyenda/como el lirio que nace/en la garganta de Donají—;/del costado remoto de la sierra/cofre de soledad inmarchitable."[4]

No sólo era Oaxaca la zona "menos familiarizada con el progreso", sino que incluso, en este extremo sur de la cuenca, "aislado, sin caminos y despoblado, habitan los indios mixes sobre las faldas del Zempoaltepec *[sic]*... que, por su modo de vida miserable y casi olvidado del resto del mundo, se diría que no sale aún de la edad de piedra".[5] Esos mismos mixes, descritos por órganos oficiales como primitivos o, incluso, como inexistentes (gran parte del territorio es calificado como "virgen"), fueron los que, desde 1947, el año en que dio inicio la Comisión del Papaloapan, organizaron una sublevación en contra del cacicazgo de Luis Rodríguez, cabecilla que ejercía su poder con saña y autoritarismo desde Zacatepec pero siempre en contubernio con los poderes estatales y, también, federales.[6]

Tal vez no fue por pura coincidencia, entonces, que la Comisión del Papaloapan mandara precisamente hasta la sierra norte a uno de sus asesores y fotógrafos más activos. Juan Rulfo, quien fue contratado como director "G" entre el 1° de febrero de 1955 y el 13 de noviembre de 1956, terminando sus labores en 1957. Rulfo no sólo visitó Ayutla, Tamazulapam

---

[4] *Ibid.,* p. 23.
[5] Secretaría de Recursos Hidráulicos, Comisión del Papaloapan, *El Papaloapan. Obra del presidente Alemán. Reseña sumaria del magno proyecto de planificación integral que ahora se realiza en la cuenca del Papaloapan,* México, 1949.
[6] Íñigo Laviada, *Los caciques de la sierra,* México, Jus, 1978.

y Tlahuitoltepec en busca de las imágenes requeridas para elaborar el documental sobre danzas mixes al lado del cineasta alemán Walter Reuter; también aprovechó el mismo viaje para presenciar el primer encuentro de ayuntamientos mixes en Zacatepec —el territorio del temido Luis Rodríguez—, en el cual se trataron temas concernientes a la intervención de la comisión en el área.[7] Rulfo no sólo participó en la creación de varios reportes de la comisión, a los cuales contribuyó con sus fotografías mucho más allá del año en que terminó su contrato de trabajo, sino que también preparó índices para una revista asociada a los quehaceres del gobierno mexicano en la cuenca.[8] Juan Rulfo también participó, de primera mano, en el reacomodo de chinantecos y mazatecos de la zona del Valle de Soyaltepec: "Entre sus documentos personales se encuentra una lista de aproximadamente seis cuartillas donde anotó a mano y en tres columnas datos sobre el propietario de la casa, el número de sus habitantes, y el nombre del nuevo lugar construido por la comisión a donde se les llevaría: Las Margaritas, El Chapulín, Nuevo Cosalapa, Nuevo Soyaltepec, Corral de Piedra, Arroyo Chicali, Nuevo Paso Nacional, Chi-

[7] Paulina Millán Vargas, "Las fotografías de Juan Rulfo en la Comisión del Papaloapan, 1955-1957", tesis de maestría en historia del arte, México, Facultad de Filosofía y Letras, UNAM, 2010, p. 44.

[8] La investigación para la elaboración de este capítulo proviene de libros y documentos del Archivo Histórico y Biblioteca Central del Agua, ubicados en la Ciudad de México, especialmente: *Informe de la comisión designada por el C. Presidente para estudiar problemas de la parte oaxaqueña de la Cuenca de Papaloapan* (México 1972); Comisión del Río Papaloapan, *Memoria de la Comisión del Río Papaloapan, 1947-1988* (México, Secretaría de Agricultura y Recursos Hidráulicos, Instituto Mexicano de Tecnología del Agua, 1990); *Dotaciones agrarias en Oaxaca. Antigua zona de influencia de la oficina de la Comisión Nacional del Papaloapan* (México, 1935-[1966]); Alfonso Villa Rojas, *El Papaloapan. Obra del presidente Alemán, 1947-1952* (México, s. f.); David McMahon, *Antropología de una presa: los mazatecos y el proyecto del Papaloapan* (México, INI-SEP, 1973).

chicazapa y Nuevo Pescadito".[9] Se dice "reacomodo" cuando se quiere decir "desalojo". Se dice "reacomodo" por decir "expulsión". Estar fuera. Sacar de aquí.

"Rulfo lo recordaba perfectamente, le platicó al arquitecto Víctor Jiménez, director de la Fundación Juan Rulfo, que él estuvo en el Papaloapan subiendo a la gente con gallinas y demás vienes [sic] en las lanchas cuando la presa empezó a llenarse."[10]

EL DOBLE AGENTE

"Hay un cuadro de Klee que se llama *Angelus Novus*", contaba Walter Benjamin en las ahora famosas tesis sobre teoría de la historia. Con el fin de acentuar su visión crítica sobre el progreso en tanto desdoblamiento lineal siempre en pos de un mundo mejor, Benjamin eligió enfatizar tanto la postura retrógrada del ángel, que ve hacia el pasado, como el catastrófico paisaje que mira a su alrededor. "Su rostro está vuelto hacia el pasado. Donde nosotros percibimos una cadena de acontecimientos, él ve una catástrofe única que amontona ruina sobre ruina y la arroja a sus pies. Bien quisiera él detenerse, despertar a los muertos y recomponer lo despedazado, pero desde el paraíso sopla un huracán que se enreda en sus alas, y que es tan fuerte que el ángel ya no puede cerrarlas."

Las fotografías de Juan Rulfo, especialmente las 50 imágenes que curaron Andrew Dempsey y Francisco Toledo en 2006 para la exposición organizada por el Centro Fotográfico Manuel Álvarez Bravo, y para el libro *Juan Rulfo: Oaxaca*, me hicieron pensar en Rulfo como ese ángel de Benjamin que, acaso melancólico o rabioso, mira hacia atrás para dejar evidencia de la ruina y la soledad, la indiferencia

---

[9] Paulina Millán Vargas, op.cit., p. 22.
[10] *Ibid.*, p. 22.

y la catástrofe de la modernidad mexicana de mediados del siglo XX, mientras el viento, enredándose alrededor de su torso y sus brazos, lo paraliza y lo jala hacia delante al mismo tiempo. Hacia el futuro. Hacia el progreso.[11]

Contempladas desde el punto de vista exclusivo del desarrollo económico, sus fotografías, en efecto, retratan la miseria proverbial de las comunidades indígenas en las sierras y en los valles de Oaxaca. Pero vistas por ojos distintos, en esas imágenes quedan también las señas de los distintos trabajos ejercidos por hombres y mujeres en bien de la comunidad. Sus vestidos, sus gestos y sus costumbres familiares vueltas movimiento o texto forman parte de una galería en la que se plasma la humanidad de ese México profundo que marcara su propia obra de manera tan permanente. Además de los cuerpos y los semblantes de los habitantes de estos pueblos, Rulfo también puso atención a las soberbias construcciones de antaño, tanto a las que se mantenían en pie a pesar de todo como a las que habían cedido de manera dramática ante el paso del tiempo y la indiferencia gubernamental.

¿Cómo fue posible que Rulfo, quien desde 1947 se había asentado de manera fija en la Ciudad de México, accediera a estos lugares poco visitados de la República mexicana? ¿Cómo fue posible que esos hombres y mujeres y niños supuestamente temerosos a perder su alma al contacto con el *flash,* como reza el estereotipo, se dejaran fotografiar?

Es sabido que Juan Rulfo tomaba fotografías desde adolescente. Es sabido también que, como entusiasta del alpinismo, no dejó pasar la oportunidad de captar vistas singulares del Popocatépetl y, en su momento, del cráter del Nevado de Toluca. Menos sabida es, sin embargo, la relación que se estableció entre su empleo como agente de ventas de la com-

---

[11] Andrew Dempsey y Francisco Toledo, *Juan Rulfo: Oaxaca,* México, RM Editores, 2009.

pañía llantera Goodrich-Euzkadi desde 1947 hasta 1952, y las imágenes, tanto visuales como textuales, que produjo en papel de albúmina y en los libros que publicó entre 1953 y 1955: *El llano en llamas* y *Pedro Páramo*, respectivamente. Enrique G de la G no hace mucho dio a conocer "Rulfo para turistas", un artículo en el que analizó las seis fotografías del autor jalisciense que ilustraron el número de *Caminos de México*, la guía de viajes producida por la compañía llantera con el fin de popularizar el uso del automóvil y ganarle, así, la competencia al tren en asuntos de turismo.[12] Rulfo ya no trabajaba ahí para ese entonces, pero había sido redactor y tal vez también editor de la revista *Mapas*, otra publicación de la Goodrich-Euzkadi para colocar el automóvil y el turismo realizado sobre ruedas en un lugar privilegiado entre las costumbres de recreo de las nuevas clases medias.

En 1956, después del paréntesis laboral del que gozó gracias a la beca del Centro Mexicano de Escritores entre 1954 y 1955, Rulfo regresó a su condición de empleado, esta vez en la Comisión del Papaloapan. Asentado transitoriamente en Ciudad Alemán, un conjunto urbano creado de manera artificial en la región de Cosamaloapan para resolver las necesidades de vivienda y administración de la comisión, Rulfo continuó con su tradición viajera, recorriendo de nueva cuenta o descubriendo nuevos recovecos de la Oaxaca profunda. Un México muy tropical.

Rulfo llegó a todas esas comunidades indígenas, pues, no sólo como un observador empático e interesado, sino como un activo agente de la modernidad. Tal vez, como el ángel de Benjamin, Rulfo hubiera querido detenerse, pero a la par del ángel de la historia tampoco podía dejar de ser arrastrado por el viento del progreso que le enredaba las alas. Rulfo no sólo fue el testigo melancólico del atrás que la moder-

---

[12] Enrique G de la G, "Rulfo para turistas", *Letras Libres,* abril de 2012.

nidad arrasaba a su paso, sino también, en tanto empleado de empresas y proyectos que terminaron cambiando la faz del país, fue parte de la punta de lanza de la modernidad corrupta y voraz que, en nombre del bien nacional, desalojaba y saqueaba pueblos enteros para dejarlos convertidos en limbos poblados de murmullos.

"Este huracán —continuaba Benjamin en su pequeña parábola del *Angelus Novus*— le empuja irremediablemente hacia el futuro, al cual le da la espalda, mientras los escombros se elevan ante él hasta el cielo. Ese huracán es lo que nosotros llamamos progreso", concluía lúgubremente el pensador alemán. Ese huracán pasó por Comala —y aquí esa Comala puede bien ser Oaxaca— y por un llano en pleno incendio, dejando sólo los murmullos sin cuerpo y las ruinas que, luego de destruirlas, formaron parte del universo Juan Rulfo.

RECURSOS NATURALES

En el origen de la Comisión del Papaloapan está el desastre natural. El 23 de septiembre de 1944 un ciclón tocó tierra en el puerto de Veracruz, mientras un frente estacionario azotaba las costas de Guerrero, Oaxaca y Chiapas. Los altos niveles de precipitación pluvial en la zona oriente de la sierra mazateca ocasionaron el desbordamiento de la parte baja de la cuenca del río Papaloapan, lo que a su vez produjo una tremenda inundación que arrasó al menos con 200 mil hectáreas de tierra, y dejó un saldo oficial de 100 muertos. Conocida como "La tragedia de Tuxtepec" o "El peor desastre de la cuenca", y anunciada en su momento en el periódico *El Universal* con el encabezado "Tuxtepec ha desaparecido prácticamente", la inundación devastó 80% de San Juan Bautista Tuxtepec, así como todas las poblaciones ribereñas de Veracruz. Como lo argumenta el historiador

Tomás García Hernández en *La tragedia de Tuxtepec*, el desastre natural no sólo develó las carencias de una región que había visto pasar ya la bonanza del oro verde, como se le denominaba a la explotación bananera, sino que también marcó el inicio de la etapa moderna de un poblado con una ubicación estratégica para el desarrollo agrícola y ganadero de la región, así como para el paso del comercio. "La inundación de Tuxtepec no sólo es un hecho dramático y dantesco —aseguraba García Hernández—, es por muchas razones el inicio de la historia moderna de Tuxtepec[...] La tragedia marcó el parteaguas que dividió una etapa de una integración hacia adentro, por otra, la del Tuxtepec moderno, plenamente integrado hacia la cuenca, hacia el estado de Oaxaca y hacia el país mismo".[13]

Cuando el presidente Manuel Ávila Camacho y el gobernador del estado, Edmundo Sánchez Cano, visitaron la población el 14 de octubre sólo encontraron desolación. Impactado, el presidente dictó algunas medidas de emergencia: "Obras de defensa de la ciudad contra futuras inundaciones. Limpieza y reacondicionamiento de las calles. Amplio crédito para ejidatarios, agricultores y comerciantes. Agua potable para la ciudad. Instalación de una potente planta de energía eléctrica".[14] Poco tiempo después, el domingo 3 de diciembre, se constituyó el comité pro recuperación de Tuxtepec. Un año más tarde, para diciembre de 1945, un proyecto de decreto presentado ante el Congreso de la Unión autorizaba al Ejecutivo federal a formar una "comisión técnica para el estudio de la cuenca total del río Papaloapan". El acuerdo presidencial que dio finalmente origen a la Comisión del Papaloapan, que entró en vigor en 1947 y no llegó a su fin sino hasta 1984, fue firmado por Miguel

---

[13] Tomás García Hernández (comp.), *La tragedia de Tuxtepec*, Oaxaca, Dirección Municipal de Educación, Cultura y Recreación, 1994, p. 18.
[14] *Ibid.*, p. 15.

Alemán en febrero de 1946. Durante el primer sexenio de sus actividades, la comisión gozó de una partida de 269 858 729 pesos, de los cuales 7 826 905 fueron destinados específicamente para una sección de estudios y planeación.

Estoy tentada a creer que una parte ínfima de esa partida fue lo que le tocó a Juan Rulfo cuando, a invitación expresa del ingeniero civil Raúl Sandoval Landázuri, vocal ejecutivo de la comisión desde 1953, se incorporó a la Comisión del Papaloapan entre el 1º de febrero de 1955 y el 13 de noviembre de 1956, como asesor e investigador de campo, con el fin adicional, aunque incumplido, de crear y dirigir una revista.

LA AMISTAD CON UN INGENIERO

Jorge Zepeda rescató no hace mucho algunos escritos de Rulfo cuando era integrante de la comisión.[15] En el texto y los dos esbozos que se publicaron en *La Jornada Semanal* del 12 de noviembre de 2006, Rulfo mostró un entusiasmo poco característico por el espíritu modernizador del México de mediados de siglo. Tal como el ángel del progreso que describiera Walter Benjamin, Juan Rulfo parece encarnar aquí una figura contradictoria: un apasionado del progreso que va hacia delante sobre los vientos de la Comisión del Papaloapan y, a la vez, el solidario defensor de las comunidades indígenas que, melancólicamente, mira la ruina, la miseria, la orfandad. ¿Se puede ser las dos cosas a la vez sin morir en el intento? ¿Se puede ser ambas cosas y seguir, después, escribiendo? Testigo y ejecutor del espíritu modernizador del periodo alemanista, Rulfo lamentaba, en efecto, el estado de las cosas, lo que estaba a punto de desa-

---

[15] Jorge Zepeda, "Rulfo en el Papaloapan: algunos documentos", *La Jornada Semanal*, núm. 610, 12 de noviembre de 2006.

parecer, mientras, simultáneamente, elogiaba las oportunidades que el quehacer de ingenieros, agrónomos y biólogos ofrecía a las comunidades de unas tierras hasta ese entonces volcadas hacia adentro, al decir del historiador García, de la cuenca del Papaloapan.

En el obituario que le dedica al ingeniero Sandoval, por ejemplo, Rulfo dio cuenta de, o acentuó, las condiciones de miseria, soledad e indiferencia en que vivían "los pueblos de la Chinantla, de la Mijería; los mazatecos y los zapotecas; los pobrecitos chochos de la Alta Mixteca".[16] Rulfo insistía, sin embargo, en "la esperanza", y no en meras promesas, que el ingeniero Sandoval llevó a esas regiones del país. Lo que él "les dio", dijo en más de una ocasión. Con una visión francamente optimista, cuando no paternalista, Rulfo describió cómo Sandoval prestó por primera vez atención a los indios de la zona, a quienes "no consideraba indios, sino integrantes del pueblo mexicano", y cómo, a través de una actividad frenética, que incluía visitas constantes a la región, les hizo llegar "maíz, [h]atos de ovejas", mientras también promovía "el cultivo de café en las zonas húmedas".[17]

Aunque algunas de las fotografías en las regiones mixes de Oaxaca fueron hechas en compañía del cineasta Walter Reuter, otras, entre ellas las más emblemáticas de la producción rulfiana, fueron realizadas también como acompañante de Sandoval en la cuenca del Papaloapan. Iniciando o coronando sus escritos, adecuadamente, con el "yo lo vi", el "yo estuve ahí" del testimonio presencial, Rulfo se convirtió en el testigo melancólico de las alas del progreso en su paso por la cuenca del río. En su visita a Tlacotalpan después

[16] Juan Rulfo, "Un texto y dos esbozos", *La Jornada Semanal,* núm. 610, 12 de noviembre de 2006.
[17] *Ibid.*

de la inundación, por ejemplo, Rulfo dice: "Los pueblos del Bajo Papaloapan no tenían nada que temer: ni la invasión de las aguas ni, como lo comprobé en Tlacotalpan, la ocupación de las casas señoriales por la plebe de los barrios inundados".[18] Continúa, ya refiriéndose específicamente al ingeniero Sandoval: "Yo lo vi en Vigastepec, trepando a pie las elevadas montañas [...] En Tepelmeme, donde derogó el abastecimiento de agua al gobierno de la nación, y no a él. Allí mismo en Tepelmeme descendió de la presa construida por él, cuando el cura del pueblo quiso adjudicarle su nombre".[19] Similares actos son reportados en el Alto Papaloapan, o en las riberas del río Santo Domingo, o el Tonto. Rulfo lo vio en persona. Rulfo estuvo ahí.

A la par, aunque de manera más escueta, Rulfo le dedicó comentarios elogiosos, comentarios que también involucraban el uso del vocablo *esperanza,* a Luis Rodríguez, o don Luis, como lo llamó él haciendo eco del trato respetuoso que, en las versiones oficiales y oficialistas, los mixes le prodigaban a su líder. En su descripción de Zacatepec, una capital del distrito mixe, Rulfo hizo hincapié en la similitud del paisaje de miseria que compartía con otros poblados de la sierra, pero también recalcó que "en categoría política sobrepasa a cualquiera". Allí radica "el hombre" que mueve los ánimos de los hombres mixes, el patriarca de una raza que ha sabido subsistir a pesar de todas las adversidades: Luis Rodríguez, o don Luis, como se le nombra con respeto. Basta una orden suya para poner en movimiento al imperio mixe de un confín a otro. Basta un consejo, una palabra de consuelo, para que Tlahuitoltepec o Ayutla, azotados por algún mal, recobren la esperanza".[20] A don Luis, tanto como al ingeniero Sandoval, Rulfo les atribuye una

[18] *Ibid.*
[19] *Ibid.*
[20] *Ibid.*

"visión extraordinaria". Pero tanto don Luis como el ingeniero Sandoval fueron rodeados por la polémica dentro de sus propias comunidades.[21] Muchos estuvieron listos para reconocer el arrojo y el dinamismo de don Luis, especialmente la manera en que logró establecer un diálogo útil entre su distrito étnico y el gobierno central; pero muchos más no dudaron en calificarlo de cacique cruel y autoritario. Incluso, muchos años después de que su presencia marcara la zona de Zacatepec, Yásnaya Aguilar —una mixe de Ayutla— dejó un testimonio inquietante sobre el legado de violencia asociado a don Luis cuando se internó en su territorio en 2009:

> Para alguien de Ayutla como yo que además ha escuchado historias terribles por los pueblos de alrededor, resulta difícil llegar a Zacatepec sin cargar, además de la mochila, una bolsa de prejuicios. Y es que es difícil estar en este pueblo sin pensar que fue la tierra del cacique Luis Rodríguez, sin pensar en las imágenes de los relatos de muerte, de huidas nocturnas, de miedo cotidiano. Dice la abuela que antes era imposible ver a alguien de Ayutla en este lugar. Pero ahora que estoy aquí, trato de luchar con las imágenes, trato de comprender un poco para descubrir que Zacatepec es algo distinto del sello con el que lo marcó Luis Rodríguez.[22]

Rulfo, quien asistió a una de las asambleas comunitarias en Zacatepec, tal vez después de haber escalado el Zempoaltépetl, optó, sin embargo, por delinear los aspectos más luminosos del líder, ocultando o ignorando no sólo las muchas quejas, sino también los movimientos de resistencia

---

[21] Luis Alberto Arrioja Díaz, *Entre la horca y el cuchillo: la correspondencia de un cacique oaxaqueño, Luis Rodríguez Jacob (1936-1957)*, México, UAM, 2009.

[22] Yásnaya Aguilar, "Zacatepec", <25 de agosto de 2009, blog La Ruta Ayuujk, <http://larutaayuujk.blogspot.mx/search?q=zacatepec>.

que el peculiar ejercicio del poder de Rodríguez ocasionaba entre la comunidad mixe.

En varios de los obituarios que se le dedicaron al ingeniero Raúl Sandoval en 1956 se comentó, casi al pasar, que su muerte había sido resultado de un accidente. Omar González, autor de "Juan Rulfo: Oaxaca", publicado en el semanario *Punto y Aparte* el 19 de mayo de 2011, afirma, citando a su vez un artículo de Alberto Vidal incluido en el número 409 de *México en la Cultura,* que la muerte del apresurado constructor de la presa Miguel Alemán, el "domador de ríos" y, al decir de Rulfo, "el héroe de esos doscientos cincuenta mil huérfanos de la cuenca del Papaloapan", fue producto de un asesinato "mientras investigaba negocios turbios en torno a la obra [de la Comisión del Papaloapan]".[23] Una fotografía de Rulfo, la ahora famosa "Músicos mixes", fue utilizada, en todo caso, para ilustrar el número con el que *México en la Cultura* honoró la muerte de Raúl Sandoval. En el reverso la foto llevaba una inscripción que, de manera por demás discreta, da cuenta de los sutiles pero no por ello menores cambios en la transcripción: "Músicos Zacatepec-Mixes, Oax."

TEQUIO

En una serie de frases sueltas que no llegó a convertir en una argumentación articulada en párrafos, Rulfo esbozó, sin embargo, algunas de sus ideas fundamentales acerca del mundo indígena y su relación con el impulso modernizador de la época. Lejos de detenerse en consideraciones esencialistas que tanto han privilegiado el "alma" de los pueblos originarios o la diferencia inmanente del indígena, Rulfo

[23] Omar González, "Juan Rulfo: Oaxaca", *Punto y Aparte,* 19 de mayo de 2011.

se concentró en sus procesos de trabajo, especialmente el trabajo colectivo, también conocido como *tequio*, en tanto "formidable elemento de producción" y modo "solidario y orgánico" de producir comunidad. Es ahí donde radica, a su ver, es decir, de acuerdo con la visión del que estuvo ahí y lo vio todo, "la utilidad social" que había hecho posible la construcción de obras "en beneficio de su nación". Si se destruían los vínculos generados por el trabajo colectivo, auguraba Rulfo, "la nación se convertiría en comunidades dispersas [...] fácil sería entonces que se vieran despojados de sus tierras".[24]

Muchos años después, hacia finales del siglo XX, Floriberto Díaz, el antropólogo mixe que en 1979 impulsó el Comité de Defensa de los Recursos Humanos y Culturales Mixes, el cual tendría continuidad en la Asamblea de Autoridades Mixes de 1984, y la fundación de Servicios del Pueblo Mixe en 1998, prestó similar atención a la relación del trabajo colectivo con la formación y la supervivencia de los pueblos indígenas. Además de considerar que "las plantas, el agua, las rocas, las montañas también expresan y captan sentimientos", es decir, que el ser humano, el *jää'y*, no es el único con estas capacidades, los mixes han hecho del trabajo, en especial del trabajo colectivo conocido como tequio, la liga de producción que los une a la tierra y la liga de liderazgo que los estructura como entidad política. "*Kutunk*, en mixe, nada tiene que ver con el significado occidental de la palabra *autoridad*; significa, literalmente, 'cabeza de trabajo'; en la práctica es quien con su ejemplo motiva que la comunidad realice las actividades necesarias para su desarrollo."[25] El trabajo comunal, el tequio, es "una energía transformadora

[24] *Ibid.*
[25] Sofía Robles Hernández y Rafael Cardoso Jiménez (comps.), *Floriberto Díaz. Escrito. Comunalidad, energía viva del pensamiento mixe*, México, UNAM, 2007, p. 61.

que mantiene, además, al ser humano en constante contacto creativo con la naturaleza".[26]

No deja de ser llamativo que en "Una visión del Pueblo Mixe", uno de los capítulos que integran el libro *Floriberto Díaz. Escrito. Comunalidad, energía viva del pensamiento mixe*, compilado por Sofía Robles Hernández y Rafael Cardoso Jiménez, Díaz muestre una especial animadversión por el tipo de proyectos modernizadores que, generados desde el centro del país, con una óptica mestiza e integradora, nunca comprendieron la relevancia del trabajo colectivo de las comunidades indígenas, y produjeron despojo, dislocación y pobreza. Acusando la injusta adjudicación de tierras comunales mixes por parte de representantes de "los intereses de la nación" (las comillas son usadas así, en el original), Díaz acusó especialmente a "la Comisión del Papaloapan, Fábricas de Papel Tuxtepec, y el propio Instituto Nacional Indigenista y sus representantes regionales".[27] El ángel melancólico del progreso agita sus alas con desesperación: Juan Rulfo, escritor ejemplar, fue empleado en distintos tiempos de su vida por al menos dos de estas agencias citadas por Díaz. Asesor e investigador de campo para la Comisión del Papaloapan. Integrante del Departamento de Publicaciones —cuando estaba a cargo de Carlos Solórzano— del Instituto Nacional Indigenista desde 1963 hasta su muerte, en 1986. Y el ángel del progreso guarda silencio.

[26] Para una exploración contemporánea de la relación entre el trabajo, el sequío, y los bienes de la comunidad, ver los artículos incluidos en Apantle. Silvia Federici, Gladys Tzul Tzul, Raquel Gutiérez Aguilar, Diana Fuentes, Mina Lorena Navarro y una entrevista con Silvia Rivera Cusicanqui, entre otras.

[27] *Ibid.*, p. 83.

PIE DE FOTO

Del latín *rem tus,* pasado participio de *remov re,* que significa retirar o apartar, la palabra *remoto* no sólo sugiere distancia, sino también incredulidad. Hay algo allá, a lo lejos, a punto de caer en el olvido. Hay algo cada vez más retirado. Hay algo inverosímil. Es imposible pronunciar la palabra *remoto* sin establecer el centro desde el cual se enuncia. Es imposible enunciarla, luego entonces, sin generar una relación desigual de poder. Yo te nombro, dice el hablante, y al nombrarte te alejo. Tal vez por eso en muchos de los planes modernizadores de mediados del siglo XX mexicano la palabra *remoto* apuntala lo dicho o lo prometido o lo que está por hacerse. Las comunidades que se pretende mejorar son todas remotas. Remotas son las montañas que se imponen en su estado primigenio de caudal sin rumbo. Remoto es el camino, por lo regular escarpado, que nos lleva hasta la más lejana lejanía. La modernización alemanista tenía cierta debilidad por ese vocablo. Por esa sensación. Lo utilizaba a manera del talismán con el que se conjura, con su mera presencia, la imperiosa necesidad de la mano civilizadora del Estado o del capital. Te digo remoto para que desees estar cerca de mí. Te digo remoto para que caigas a mis pies.

A Juan Rulfo, la Comisión del Papaloapan lo contrató para que fuera a lugares *remotos* y, en su faceta de fotógrafo y cuidadoso observador, en su faceta de observador disciplinado, pudiera ser testigo del estado de deterioro, del estado de franca tristeza y desolación en que se encontraban las comunidades que por cientos de años habían reclamado las tierras de la cuenca del Papaloapan como propias. ¿Pero se encontraban así? ¿Su capacidad de sobrevivir con base en una agricultura de subsistencia así como el número de muertes por paludismo constituían, de verdad, evidencias equivalentes de marginalidad y de pobreza? ¿Las muchas lenguas que hablaban y su falta de escolaridad eran muestras de su exclusión o de su autonomía?

Ciertamente, el propósito de la comisión era documentar con toda objetividad las características materiales, culturales y espirituales de los pueblos indígenas de la región, esperando que tales registros contribuyeran a legitimar un proyecto monumental y caro. Y aquí, por objetivamente se entiende que tales tomas de datos y evaluaciones se harían o estaban haciéndose dentro de los límites de lenguajes, como el científico, o tecnologías, como la cámara, que se presuponían ajenos a engañosos puntos de vista meramente personales. Todos los datos, todas las interpretaciones, todas las evaluaciones fueron tomadas y presentadas de igual manera en español, ignorando y, de hecho, reprobando la condición multilingüe del estado de Oaxaca. Se contrataron, por lo mismo, ingenieros y médicos, arquitectos, maestros y agrónomos, antropólogos y dibujantes. Y se contrató, también, a ese escritor que acababa de publicar un par de libros bien recibidos por la prensa y que justo terminaba un periodo de dos años como becario en el Centro Mexicano de Escritores. Juan Rulfo, la creciente reputación de Juan Rulfo, tendría que dar fe del cambio. Su lente y su palabra se convertirían así en ese mítico parteaguas capaz de identificar un antes y un después. Tan importantes como las cortinas de cemento que prometían contener el flujo feroz del Papaloapan eran las cortinas de palabras en español que ayudarían a proveer de forma al proyecto en conjunto de su doma. Su labor, pues, nunca fue menor. Rulfo tenía que utilizar sus habilidades con la palabra y con la lente para producir un paisaje desolador y, a la vez, un futuro promisorio. Las dos cosas al mismo tiempo. Prometerlo todo, sí.

Aseguraba Charles Bernstein que un poema es "cualquier construcción verbal que se designe como poema. La designación de un texto verbal como poema señala más una manera de leer que una evaluación de la calidad del trabajo".[28] Algo similar había sugerido, años atrás, Duchamp respecto de la obra de arte. El contexto y la recepción, la lectura y el roce desempeñan papeles centrales en la mutación de un objeto o una práctica en una obra de arte. Hay definiciones que es mejor esperar del exterior. Y nunca, como al ver las fotografías que Juan Rulfo tomó de la cuenca del Papaloapan en su contexto original, es decir, dentro de los documentos de la comisión que se conservan en el Archivo Histórico del Agua, tuvieron Duchamp o Bernstein tanta razón.[29]

Hay que enfundar las manos en guantes y colocarse cubrebocas en el rostro. Hay que llenar papeletas con letra clara para pedir cada uno de los documentos.[30] ¿Usted quiere ver las fotos del que ayudó al desalojo de los indios en el Papaloapan?, me preguntó, sin ningún asomo de alevosía o de sarcasmo, una asistente de la archivista. Yo no sabía que eso era lo que quería ver, pero le dije que sí. Hay que esperar. Y, cuando ya están ahí, esparcidas sobre la mesa rectangular del archivo, hay que tocarlas con cuidado y calma, con una artificial familiaridad. Como quien no quiere la cosa, es una manera de decir y de mirar. Las imágenes, que parecen estáticas, en realidad están haciendo un viaje enloquecido de regreso. Vienen a toda prisa desde el mundo del arte en el cual las he visto una y otra vez, colgando de infinidad de paredes blancas dentro de recintos con techos muy altos, para aterrizar ahora, torpemente tal vez, en el mundo de la evidencia y la documentación. Un descenso brutal, más que un viaje. Un cambio de estado. Éstos son los

---

[28] Charles Bernstein, "Creative Reading and Aesthetic Judgment", *Attack of the Difficult Poems. Essays and Inventions,* Chicago, University of Chicago Press, 2011, p. 42.
[29] Véase *Informe de la comisión...,* op. cit.
[30] *Ibid.,* Archivo Histórico del Agua, México, Comisión del Papaloapan, Informes; Desalojo-México-Oaxaca; Inundaciones, presas y depósitos, Papaloapan, río.

retratos con los que un empleado especialmente talentoso de la comisión lograba hacer visible el mundo que, pronto, sería arrasado por la presa Miguel Alemán.

Un pie de foto es una leyenda. Las palabras que aparecen abajo, o alrededor, o adentro de la imagen fotográfica ordenan la mirada: le dicen en qué fijarse y también cómo organizar lo visto. Un pie de foto es, en efecto, una captura. De la viral polisemia de la imagen, sólo la posibilidad de una lectura. De la explosión de los muchos significados, sólo uno con el que salir al exterior. El pie de foto es una clara indicación de que lo que ven nuestros ojos no está ahí para ser interpretado de múltiples maneras, sino para ser asimilado sólo de una. El proceso de digestión de la mirada. El pie de foto corrobora que lo que vemos es información y no arte.

Los Inundaciones.

FACTORES ADVERSOS.

El aislamiento.   La Insalubridad y la Ignorancia.

Inundación provocada por el río Papaloapan, Veracruz, en *Planificación integral de la cuenca del Papaloapan,* 1962.

CONAGUA-AHA, Fondo Comisión del Papaloapan, Caja 127, Expediente 1771, Legajo 1, Foja 70r, Foto 1.

El aislamiento, en *Planificación integral de la cuenca del Papaloapan,* 1962.

CONAGUA-AHA, Fondo Comisión del Papaloapan, Caja 127, Expediente 1771, Legajo 1, Foja 70r, Foto 2.

La insalubridad y la ignorancia, en *Planificación integral de la cuenca del Papaloapan,* 1962.

CONAGUA-AHA, Fondo Comisión del Papaloapan, Caja 127, Expediente 1771, Legajo 1, Foja 70r, Foto 3.

El Río Papaloapan y la vasta Planicie Costera.

EL MEDIO FISICO.

70

El río Papaloapan y la vasta planicie costera, Veracruz, en *Planificación integral de la cuenca del Papaloapan,* 1962.
CONAGUA-AHA, Fondo Comisión del Papaloapan, Caja 127, Expediente 1771, Legajo 1, Foja 71r, Foto 1.

Bosque Tropical de la Vertiente Oriental de la Sierra Madre.

El montañoso panorama del Zempoaltepetl.

EL MEDIO FISICO.

Tierra erosionada de la Sierra Mixteca.

Bosque tropical de la vertiente oriental de la Sierra Madre, Veracruz, en *Planificación integral de la cuenca del Papaloapan,* 1962.

CONAGUA-AHA, Fondo Comisión del Papaloapan, Caja 127, Expediente 1771, Legajo 1, Foja 71v, Foto 1.

Vista de un campanario frente al cerro Zempoaltépetl, Santa María Tlahuitoltepec, Oaxaca, en *Planificación integral de la cuenca del Papaloapan,* 1962.

CONAGUA-AHA, Fondo Comisión del Papaloapan, Caja 127, Expediente 1771, Legajo 1, Foja 71v, Foto 2.

Tierra erosionada de la sierra mixteca, Oaxaca, en *Planificación integral de la cuenca del Papaloapan,* 1962.

CONAGUA-AHA, Fondo Comisión del Papaloapan, Caja 127, Expediente 1771, Legajo 1, Foja 71v, Foto 3.

Mujeres Mixes.

EL MEDIO SOCIAL Y ECONOMICO.

Niñas Chinantecas de Ojitlán,Oax.

Mujeres mixes en Tamazulapam, habitantes del Alto Papaloapan, Tamazulapam del Espíritu Santo, Oaxaca, en *Planificación integral de la cuenca del Papaloapan,* 1962.

Niñas chinantecas de Ojitlán, San Lucas Ojitlán, Oaxaca, en *Planificación integral de la cuenca del Papaloapan,* 1962.

Joven Yalalteca.

EL MEDIO SOCIAL Y ECONOMICO.

Tejedora Yalalteca.

Joven yalalteca, Villa Hidalgo, Oaxaca, en *Planificación integral de la cuenca del Papaloapan,* 1962.

CONAGUA-AHA, Fondo Comisión del Papaloapan, Caja 127, Expediente 1771, Legajo 1, Foja 72v, Foto 1.

Tejedora yalalteca, Villa Hidalgo, Oaxaca, en *Planificación integral de la cuenca del Papaloapan,* 1962.

CONAGUA-AHA, Fondo Comisión del Papaloapan, Caja 127, Expediente 1771, Legajo 1, Foja 72v, Foto 2.

EL MEDIO SOCIAL Y ECONOMICO.

Hombre jarocho, Veracruz, en *Planificación integral de la cuenca del Papaloapan*, 1962.
CONAGUA-AHA, Fondo Comisión del Papaloapan, Caja 127, Expediente 1771, Legajo 1, Foja 73r, Foto 1.

Mujer jarocha, Veracruz, en *Planificación integral de la cuenca del Papaloapan*, 1962.
CONAGUA-AHA, Fondo Comisión del Papaloapan, Caja 127, Expediente 1771, Legajo 1, Foja 73r, Foto 2.

Las imágenes son todas soberbias. Incluso así, acomodadas —dos o tres por cada página— sobre una cartulina frágil y cubiertas con un plástico barato, las imágenes son soberbias. Ya sea desde lejos, en las fotografías panorámicas, o ya desde la cercanía que permite el *close-up*, las imágenes no sólo aspiran a no dejar duda respecto del cambio de la región, sino que también emocionan. La inundación: el agua que cubre la mitad inferior de la imagen refleja las ramas simétricas de ese árbol, ese árbol único y solitario, ese árbol melancólico ya, que alcanza a elevarse, junto con los techos de tejamanil, sobre el líquido trágico. Las nubes abigarradas, a punto de aparecer y de desaparecer, atrás de todo eso. El paso del tiempo. El aislamiento: apenas es posible distinguir algo en específico que no sea el verde imaginado —la imagen es en blanco y negro— en ese nudo de montañas. Los pliegues. El cielo vasto. La insalubridad y la ignorancia: debe ser un brujo el que está en cuclillas, su brazo derecho extendido hasta alcanzar la boca del niño que yace sobre un petate. Unas cuatro botellas llenas de un líquido ahora ominoso entre ellos dos, el paciente y el doctor. Y atrás, los brazos de la madre sobre su propio pecho: su mano derecha directo sobre el corazón, la izquierda apenas alcanzando la rodilla flexionada. Una mujer con brazos, pero sin cabeza. Una mujer con los brazos de la angustia sobre su propio cuerpo, esperando tal vez lo peor. O esperando, contra toda esperanza, lo mejor.

He visto, sin pie de foto, las imágenes que aparecen alrededor de las siguientes frases: "Montañoso panorama del Zempoaltépetl". "Mujeres mixe". "Indígena de la mixteca." Aunque aquí aparecen sin firma, todas esas imágenes las he visto en exposiciones y libros recientes de la obra fotográfica de Juan Rulfo. Plata sobre gelatina. Papeles albuminados. Ahí están las largas colas de caballo colgando de las nucas de esas mujeres que, sentadas justo sobre el abismo, miran hacia el abismo. Un par de casas, sin embargo, allá abajo. En lo que se puede ver. Ahí está, como por encima de las nubes tan blancas, el campanario de Tlahuitoltepec en otra imagen emblemática. Atrás, la montaña inmensa, acaso inmemorial; abajo, el caminante que, paso a paso, otorga a todo el cuadro el movimiento de algo humano, algo al ras del suelo o de la piel. Alguien estira los brazos y toca, justo ahora, las campanas. Y, en ese momento que es éste, aquí que es allá, es del todo posible escuchar una y otra vez el sonido hondo del hierro, el sonido a la vez intenso e íntimo de ese material extraído desde la profundidad misma de la tierra. El eco.

El reacomodo en cuanto tal sólo es mencionado en un pie de foto. Puesto que esa imagen se encuentra entre las que aparecen bajo el rubro de *"obra realizada"* es de entenderse que esa forzada expulsión de las comunidades chinantecas y mazatecas para dar cabida a las obras de construcción de la presa Miguel Alemán no debe leerse como una tragedia sino como una inevitabilidad. La imagen relacionada con el pie de foto "Hacia nuevos horizontes" encapsula muchas de las contradicciones que caracterizan el quehacer de la Comisión del Papaloapan en Oaxaca. Para empezar: no hay horizonte alguno en la imagen que ilustra la frase "Hacia nuevos horizontes". Y el espectador sólo puede preguntarse si esto es una de esas jugarretas que el inconsciente le juega con toda alevosía al consciente, o si es más bien resultado de una ironía fina, tremendamente efectiva, que dice sin decir o, mejor, que dice diciendo lo contrario.

Hacia nuevos horizontes: hay una barca de proporciones generosas a punto de zarpar. Hay varias barcas, de hecho, formando lo que parece ser una fila sobre el agua, pero podemos ver la parte posterior de una. Dentro, sobre asientos que se presienten rígidos al contacto con el cuerpo y cubiertos por un medio techo de madera, están los hombres con cabezas coronadas por sombreros. Es obvio que van a partir. Es obvio que la lejanía se abrirá de un momento a otro ahí, entre ellos y la tierra, y aquí, entre ellos y nosotros. Pero en el primer plano, el que nos ancla sobre la tierra que pronto quedará atrás, aparece la parte anteroposterior del cuerpo de un burro. ¡Un burro en la selva! ¡Un burro en la ribera de un río! El burro, además, lleva sobre su lomo el peso de muchos bultos. Si la barca está a punto de zarpar ya, ¿qué le pasará al burro? ¿Se quedará con su carga a cuestas, sus pezuñas enterradas en la tierra cubierta de hojas secas, o se unirá a la procesión de reacomodados? Si la secuencia pretendiera dar una respuesta a esta pregunta, no nos mostraría después, desde lo alto, en una panorámica que nos aleja, en definitiva, de la tierra, la silueta de Nuevo Ixcatlán, Oaxaca, uno de los pueblos de transmigrados producto del reacomodo. Imposible divisar ahí el destino del burro. Imposible ver ahí los cuerpos de los mazatecos y los chinantecos que llegaron, tiempo después, a uno de los tres municipios mixes del istmo de Tehuantepec, San Juan Cotzocón.

Hacia nuevos horizontes: "Un caso distinto es el de San Felipe Zihualtepec y otros pueblos de migrantes a causa de la construcción de la presa Presidente Alemán, realizada por la Secretaría de Recursos Hidráulicos-Comisión del Papaloapan, donde resultó afectada la propiedad de cientos de familias de los grupos étnicos mazateco y chinanteco. A fin de alojar e indemnizar a los afectados con el embalse de la presa, la Comisión del Papaloapan adquirió varios predios en Oaxaca y en Veracruz para crear zonas de reacomodo de población. En noviembre de 1957 San Felipe Zihualtepec, en el terreno del municipio mixe de San Juan Cotzocón, fue declarado pueblo de transmigración para los mazatecos y chinantecos afectados. Con tal propósito, la Comisión del Papaloapan había expropiado más de 18 mil hectáreas con la finalidad de compensarlos por los daños y prejuicios sufridos; se reintegró a cada campesino tanta tierra como tenía anteriormente en el vaso, y a las personas que habían poseído tierra se les dieron 10 hectáreas por familia".[31]

Hacia nuevos horizontes: "No obstante los más ricos del pueblo de reacomodo, incluidos algunos funcionarios directamente ligados con el indigenismo, compran y acaparan terrenos, y la misma CP vendió parte de las hectáreas a la Papelera Tuxtepec para su programa de reforestación..."[32]

Hacia nuevos horizontes: "San Felipe Zihualtepec es la agencia municipal que pertenece a la jurisdicción de San Juan Cotzocón, pero la poca comunicación con esta cabecera municipal hizo que San Felipe Zihualtepec administrara también los otros pueblos de reacomodo, que son oficialmente agencias de policía de San Juan Cotzocón: Arroyo Carrizal, María Lombardo de Caso, Nuevo Cerro Mojarra, Arroyo Encino, Prof. Julio de la Fuente, Santa Rosa Zihualtepec, Eva Sámano de López Mateos y Miguel Hidalgo. Aquí viven mayoritariamente mazatecos y chinantecos, pero también mixes, quienes ya habitaban estos lugares desde mucho tiempo atrás".[33]

Hacia nuevos horizontes: los nombres, en sí, dicen mucho. Los nombres dicen tanto. Un nombre es una denominación verbal y es un sustantivo y es una lexía y es una unidad fraseológica. Un nombre es el título de propiedad. Un anuncio de los tiempos por venir. Aquí van: el nombre de la esposa de un prominente antropólogo que, además, dirigiría el Instituto Nacional Indigenista. El nombre de la esposa del

[31] Salomón Nahmad Sittón, *Fronteras étnicas. Análisis y diagnóstico de dos sistemas de desarrollo. Proyecto nacional vs. proyecto étnico. El caso de Ayuujk (mixes) de Oaxaca,* México, CIESAS, 2003, pp. 136-137.
[32] *Ibid.,* p. 137.
[33] *Ibid.*

presidente de la República. El nombre de un antropólogo y un indigenista muy admirado, por cierto, por Juan Rulfo. ¿Qué se distingue o se designa con estos nombres? ¿Qué hacen esos nombres ahí, abriéndose paso desde la vera del agua hasta la sierra? Los nombres, incluso los nombres menores de los familiares de los verdaderos responsables, ratifican eso que para los habitantes del territorio mixe "desde mucho tiempo atrás" no podía ser visto, ni antes ni ahora, más que como una invasión.

Estamos alrededor de la mesa de madera comiendo tamales de maíz y de frijol. Hace frío. El frío entra por las rendijas de las ventanas de esta casa de Tlahuitoltepec con esa naturalidad propia de las tierras altas, y ni la sopa caliente ni el mezcal ni el tepache parecen protegernos. ¿Y qué investigas?, pregunta de repente el recién llegado desde la otra esquina de la mesa mientras empieza a comer la sopa con ayuda de taquitos de tortilla de maíz y con ayuda de los dedos. No le digo lo que me dijo la asistente de una archivista: al que tuvo que ver con legitimar el reacomodo de mazatecos y chinantecos en la zona mixe sur. Los transmigrados. Su proceso de expulsión. Le digo, en cambio, que ando buscando los sitios que fotografió Juan Rulfo en su recorrido por la región mixe. ¿El escritor?, pregunta sin dejar de comer. Le digo que sí. El mismo. El que trabajó para la Comisión del Papaloapan. ¿El del reacomodo?, dice, aunque parece que pregunta.

Su nombre es José Díaz Gómez; es hermano de Floriberto, el antropólogo mixe que he estado leyendo con mucho cuidado, con una precavida adoración. Se ve que el tema le interesa porque, tan pronto como la palabra *reacomodo* entra en la conversación, se sirve otro traguito de mezcal. Y yo, que estaba a punto de despedirme, hago lo mismo. José trabajó allá, en la zona baja de la mixe. A él le tocó, siendo joven, ser testigo del proceso posterior al reacomodo, así como lidiar, en muchos casos, con las consecuencias sociales y políticas de la transmigración forzada. Él vio crecer el Comité de Defensa y Desarrollo de los Recursos Naturales, Humanos y Culturales de la Región Mixe (CODREMI), creado en 1979 gracias en gran parte al liderazgo de Floriberto.[34] Para él, como para su hermano, la Comisión del Papaloapan, la Papelera Tuxtepec y el Instituto Nacional Indigenista son parte de una misma fuerza: la fuerza del centro que, en nombre de un desarrollo cuantitativo, ha amenazado siempre la vida autónoma, de trabajo en conjunto, y el quehacer espiritual de la comunidad mixe. No es para nada casual que, en 1984, haya sido precisamente en la comunidad de Cotzocón mixe donde se creó la Asamblea de Autoridades Mixes (ASAM), un espacio de reunión de autoridades municipales y agrarias encargado de negociar y dialogar directamente con el Estado.

Hacia nuevos horizontes: hay una fuente. Al pie de la fuente, una mujer de falda plisada y rebozo sobre la cabeza llena un cántaro con ayuda de una jícara. La fuente pública, en el centro de Tlahuitoltepec, es, en efecto, un surtidor de agua. Ahora, esa misma fuente, es una pileta a un lado de la cancha de basquetbol donde se juegan partidos y se congrega la asamblea.[35]

Hacia nuevos horizontes: hay un campanario de gruesos barrotes de madera al borde de un abismo. Las nubes blancas a sus pies. La montaña, sólida y enorme, frente a todo eso. Ahora, desde detrás de los ventanales de la sala de usos

---

[34] Luis Hernández Navarro, "Décimo aniversario luctuoso de Floriberto Díaz. Las fuentes del nuevo pensamiento indio", *La Jornada*, núm. 410, 30 de octubre de 2005.

[35] Salomón Nahmad Sittón, "Aspectos de la subregión mixe del istmo de Tehuantepec. Las formas de gobierno indígena en tres municipios mixes del istmo de Tehuantepec, Oaxaca", <http://pacificosur.ciesas.edu.mx/descargas/salomon/2%20Salomón%20Nahmad.pdf>.

múltiples donde los domingos se pone el mercado, es posible ver el mismo paisaje. Quien observe desde aquí observará, desde encima de las nubes, la montaña.

Hacia nuevos horizontes: hay instrumentos musicales al ras del suelo. Trompetas. Tubas. Tambores. Hay atriles apuntando permanentemente al cielo. Hay cielo. Aquí no se pregunta de dónde eres, me dicen, sino qué instrumento tocas.

Hacia nuevos horizontes: el agua de la lluvia golpea los techos de lámina de la Casa de la Mujer. Aquí, en esta cabaña de madera rodeada de plantas y pinos, se hospedan las y los que vienen a participar en eventos culturales o sociales en Tlahuitoltepec. El agua de la lluvia cae a borbotones. Más que gotas, marejadas. El ruido cercano de un trueno nos alerta: estamos en medio de un bosque, en la punta de una montaña. Estamos en medio de un bosque y todo, absolutamente todo, puede ocurrir.

Hacia nuevos horizontes: USTED ESTÁ AQUÍ.

INDIGENISTA AL REVÉS

El Instituto Nacional Indigenista se creó en 1959, y estuvo, desde entonces hasta 1970, bajo la dirección de Alfonso Caso, abogado de profesión y reconocido arqueólogo e indigenista que publicó en 1953, el mismo año en que Juan Rulfo dio a conocer *El llano en llamas*, su *El pueblo del sol*.[36] Ya antes, en 1951, justo en los años finales del alemanismo, se había creado el primer Centro Coordinador Indigenista en San Cristóbal de las Casas, Chiapas, dirigido por el reco-

[36] Alfonso Caso, *El pueblo del sol*, México, Fondo de Cultura Económica, 1953.

nocido antropólogo Gonzalo Aguirre Beltrán. El así llamado "problema indígena" no sólo estaba en la mente de los desarrollistas de la época, modernizadores a ultranza que percibían las formas de vida y de producción de las comunidades indígenas como un obstáculo para el progreso de la nación, sino también en la de escritores y artistas que, desde sus trincheras, aportaban su punto de vista, con frecuencia un punto de vista de la clase media urbana, sobre la cuestión. Aunque Juan Rulfo no se incorporaría al INI sino hasta 1963, en el Departamento de Publicaciones que entonces dirigía Carlos Solórzano, su nombre destaca entre los creadores de mediados del siglo XX que mostraron una visible preocupación y una abierta simpatía por las formas de vida y de percepción indígenas. Lejos de percibirlos como obstáculos, Rulfo y otros los veían como víctimas de un progreso altamente selectivo, si no es que corrupto, dirigido desde el centro del país por una élite que poco o nada sabía de la vida rural. Aún más, Rulfo los veía, como lo esbozó en las líneas que no llegó a publicar en la revista que nunca dirigió para la Comisión del Papaloapan, como generadores de formas de trabajo que, en mucho, podrían contribuir al bien nacional.

En "Juan Rulfo y el quehacer editorial indigenista", cuenta Félix Báez-Jorge, compañero de trabajo en las oficinas gubernamentales, que, durante su primera etapa en el INI, de 1963 a 1970, Rulfo participó en la selección y publicación de un número reducido pero importante de títulos indigenistas: "De esa época vale la pena recordar estudios sobresalientes como *Medicina y magia* de Gonzalo Aguirre Beltrán; *Arte popular de México* que escribieran Rubín de la Borbolla, Alfonso Caso y otros autores; *Los zinacantecos,* coordinado por Evon Zarman Vogt; *Relaciones interétnicas* de Julio de la Fuente; *Medicina maya en los altos de Chiapas* de William R. Holland; *Organización social de los mixtecos* escrito por Robert S. Ravicz, entre otras importantes obras antropológicas. Se editaron también cartillas para alfabetizar en las lenguas mixteca, rarámuri y tzeltal".[37]

En la segunda etapa, que comienza en 1970 y que, bajo los auspicios del régimen echeverrista, multiplicó exponencialmente tanto el financiamiento del Estado como la labor editorial del INI, Rulfo "orquestó" la edición de 43 títulos con el apoyo del editor Lauro Zavala y del antropólogo Alfonso Villa Rojas, privilegiando esta vez la publicación de tesis e investigaciones de una nueva generación: *Vida y magia en un pueblo otomí,* escrito por Luigi Tranfo (con prólogo de Vittorio Lanternari); *Parentesco y economía en una sociedad nahua,* de Lourdes Arizpe; *Planos de interacción del mundo tzotzil,* de la pluma de George A. Collier; *La religión de los totonacas,* de Alain Ichon; *El indio en la narrativa contemporánea de México y Guatemala,* cuyo autor es Lancelot Cowie. *Los zoque-popolucas: estructura social,* de Félix Báez-Jorge".[38]

Humilde es un adjetivo que se ha utilizado con asombrosa frecuencia para describir la personalidad y la presencia de Juan Rulfo. Humilde, recuérdese, es lo que se obligaba a ser él mismo de nueva cuenta después de vociferar contra la industria pesada o las condiciones de explotación del trabajo en que participaba. En no pocas ocasiones esta característica se ha interpretado como una especie de gen cultural, si no necesariamente racial o étnico, que lo acerca, de manera ineludible y orgánica, al mundo indígena. Se ha dicho así que, si Rulfo se interesó por las comunidades indígenas del sur del país, fue por ese carácter "humilde" que lo conectaba con un México *remoto,* si no es que ya ido. Independientemente de que el carácter de Rulfo haya sido todo lo contrario de la ostentación y la autopromoción características

---

[37] Félix Báez-Jorge, "Rulfo y el quehacer editorial indigenista", <http://www.clubcultura.com/clubliteratura/clubescritores/juanrulfo/NI_FelixBaez_Jorge.pdf>, p. 224.
[38] *Ibid.,* p. 226.

del medio literario del México de mediados del siglo xx, habrá que recordar que el escritor jalisciense visitó en persona y conoció de viva voz muchos de los rincones del país que luego marcaron su obra tanto textual como visualmente. Rulfo estuvo ahí, sí, en efecto, como agente de la más pura modernidad de mediados de siglo. Rulfo vio, sí, críticamente, o dolidamente, o ambivalentemente. Rulfo fue testigo, en efecto, de lo que su participación en estos proyectos hacía posible: llevar "esperanza" a estos lugares y llevar también más dislocación y miseria. Reacomodo, se dice así. Expulsión. Desalojo. Fuera de aquí.

Ese ambivalente punto de vista del que ve con melancolía hacia atrás y actúa, al mismo tiempo, a favor de los vientos de progreso, tal vez es lo que llevó a asegurar a Sergio Fernández, en la reseña de *El llano en llamas* que publicó en la revista *Filosofía y Letras* de 1954, que en esos cuentos "es el indio el que habla y lo hace para sí. No le importa tanto ser o no ser entendido plenamente, ni tan siquiera interpretado".[39] A Fernández no le bastó asegurar que los personajes de *El llano en llamas* eran, así, indígenas, sino que también aventuró que el autor de ese libro "tenía en sí" la condición humana del indígena, "aun cuando este enseñar una conciencia mítica, misteriosa, aletargada, sea un parto pocas veces esperado y, por consiguiente, aún más doloroso".[40]

Similares consideraciones han sido expresadas también, acaso, en lo referente a sus fotografías. En "Deseos y prejuicios: la representación indígena fotográfica en Juan Rulfo", el artículo que Luis Josué Martínez Rodríguez publicó en el número 81 de la revista *Estudios Jaliscienses*, se aduce que la entusiasta bienvenida del Rulfo fotógrafo en 1980, a raíz de su homenaje en Bellas Artes, mucho tuvo que ver con una

[39] Sergio Fernández, "*El llano en llamas* de Juan Rulfo", *Filosofía y Letras,* núm. 27, enero-junio de 1954, pp. 53-54.
[40] *Ibid.*

lectura esencialista y esteticista de su trabajo, muy acorde con los principios amparados desde el Departamento de Fotografía del Museo de Arte Moderno de Nueva York y refrendados, a su vez, por la élite de fotógrafos nacionalistas al servicio de la construcción de una identidad unitaria para el régimen revolucionario del siglo xx.[41] Para evitar caer en rígidos estereotipos que colocan tanto al indio como a Rulfo en un estrato básico de la "poética indigenista", Martínez Rodríguez propuso tomar en cuenta y resaltar los distintos motivos que llevaron los dedos de Rulfo al botón de la cámara: "Las hay desde aquellas plenamente documentales, aquellas individuales, aquellas que sirven para un trabajo en particular, y aquellas que él tomaba por puro gusto fetichista de la imagen, una autosatisfacción, y aquellas en busca de una autorrepresentación".[42]

En la serie de fotografías que Martínez Rodríguez eligió para mostrar un Rulfo fotógrafo fuera del eje preciosista del esteticismo nacionalista aparece, una vez más, Oaxaca. Se trata de las imágenes que aparecen en *Inframundo: el México de Juan Rulfo*, en las que el autor jalisciense captó a un grupo de mujeres indígenas trabajando la tierra en la ladera de una montaña.[43] Lejos del estereotipo clasicista que suele representar al indígena estático, en postura contemplativa y rígida, estas mujeres se mueven en conjunto. Algunas de ellas, de hecho, miran de frente al fotógrafo, alejando también el aducido hermetismo y la timidez del indio, aunados al mítico fanatismo que le impide, según algunos, ser retratado por miedo de perder su alma. Como bien concluye Martínez Rodríguez:

---

[41] Luis Josué Martínez Rodríguez, "Deseos y prejuicios: la representación indígena fotográfica en Juan Rulfo", *Estudios Jaliscienses*, núm. 81, 2010.
[42] *Ibid.*, p. 31.
[43] Frank Haney, *Inframundo: el México de Juan Rulfo*, México, Ediciones el Norte, 1980.

Esta secuencia de imágenes permite no sólo ver lo pesado de una jornada laboral en la sierra de Oaxaca, sino también el hartazgo y la alegría, la tranquilidad y la movilidad, polaridades que posibilitan una imagen más abierta, en fin, más humana, de los sujetos fotografiados. El código de artisticidad del indígena de espaldas, inmóvil y melancólico, se rompe para ceder paso a distintos registros emocionales de aquél frente a la cámara. Y quizá, si conociéramos toda la serie, las imágenes se abrirían en relatos complejos que, ahora sí, podrían ser valorados, ya no desde su inserción en una tradición preestablecida, sino desde sus propias reglas, sus propias maneras de ser imagen. [44]

En una crítica literaria que con frecuencia privilegia, y a menudo limita, la búsqueda de influencia textual dentro de lo propiamente literario, ha sido común que muchos especulen respecto de la huella de lecturas de novelas y poesía en la obra de Rulfo. Su probada práctica como voraz lector incita, sin duda, esta perspectiva. Sin embargo, como esa misma forma de analizar textos ha desdeñado las articulaciones de lo formalmente literario con discursos públicos o académicos, como la tradición oral o la antropología, se le ha encontrado poca utilidad, por ejemplo, a la tremenda actividad de Rulfo como editor del Instituto Nacional Indigenista, labor que sólo concluyó con su muerte, en 1986. De hecho, dos de los empleos más importantes que obtuvo Rulfo durante su vida obedecieron, sin duda, a su creciente prestigio como autor consagrado, pero también estuvieron íntimamente ligados a su reputación de tenaz y cuidadoso documentalista. El ingeniero Raúl Sandoval, quien le ofreciera empleo en la Comisión del Papaloapan, lo admiraba, al menos, por ambos tipos de escritura. Su posición en el INI, directamente ligada a la lectura y la edición de textos antropológicos y etnográficos, seguramente estuvo relacio-

[44] *Ibid.*, p. 46.

nada con su conexión palpable y participativa con los mundos indígenas de su tiempo.

Lo que pasa es que yo trabajo, había dicho Rulfo, casi sin pensarlo, cuando trató de explicar cómo fue concibiendo y estructurando su obra. Tal vez en esa respuesta impensada, en esa respuesta casi automática, haya más verdad de la que hemos estado dispuestos a conceder. Los trabajos de Rulfo, después de todo, fueron los que lo llevaron en persona a todos los lugares y a todas las personas que terminaron marcando la obra que plasmó en párrafos y que desplegó en imágenes. Empleado por los empresarios y la burocracia estatal de la más activa modernidad de medio siglo, Rulfo acudió a esos sitios, y lo constató todo. Había un mundo atrás, en efecto, desapareciendo bajo los embates de presas y nuevos cultivos, sistemas de riego y corrupción, y había un mundo adelante, hacia donde lo arrastraba el viento del que él mismo formaba parte, que se negaba a ver de frente. Ése era el mundo que él mismo, en esos empleos, contribuyó a construir. Ése era el mundo que, detrás de los reflectores, al amparo del INI, contribuyó a develar para la nación a través de la edición y la publicación de libros antropológicos y etnográficos. Ése era el mundo ante el cual, al menos literariamente, guardó silencio.

IV

MI PORNOGRAFÍA
MI CELO
MI DANZA ESTELAR

Oyes crujidos.

                           Risas.

Unas risas

                                   ya muy viejas, como cansadas

         de reír.

Y voces ya

         desgastadas por el uso.

                                   Todo eso oyes.

Las tejas en el suelo. El techo en el suelo.
Por el techo abierto al cielo vi pasar parvadas de tordos...

JUAN RULFO, *Pedro Páramo*

TODO LO QUE HIZO FUE ENTREVERAR
SUS PIERNAS ENTRE MIS PIERNAS

Entre el antes y el después hay una larga hilera de hormigas negras. Había estado en el hospital por días o por semanas, nunca lo supe bien. Pero al salir, justo mientras arrugaba los ojos debido al brillo del sol, me fue fácil adivinar que el mundo era, en realidad, distinto. El lustre sobre las hojas de los árboles. Tremendamente azul, el cielo. Un aire muy delgado frente a la nariz. Había vivido entonces lo suficiente como para saber que los cambios, al menos los que son verdaderos, ocurren sin explicación alguna y, con frecuencia, sin transición. Un estallido más que una lenta evolución. Una crisis súbita. Lo que algunos científicos han denominado la Catástrofe o el Cataclismo.

En eso pensaba cuando sentí el primer jalón en la parte inferior del pantalón. Había adelgazado mucho durante mi estancia en la institución de salud y la ropa que me habían entregado al final, con toda seguridad la que había traído puesta al llegar, me quedaba grande. Era una verdadera vergüenza pero poco o nada podía hacer al respecto. Mi cuerpo era una colección de huesos, eso era cierto. Una gran concavidad donde alguna vez estuvo el abdomen. Los huesos ilíacos. Los nudillos protuberantes en todos los dedos. Vi todo eso y mi barba de días antes de decidirme a dar el paso que me sacaría de manera definitiva del edificio blanco. Respiré hondo, me coloqué los lentes y crucé el umbral.

Entonces fue cuando me di cuenta de la metamorfosis del mundo y entonces pensé en la catástrofe. Ahí fue cuando apareció ella.

Al inicio pensé que era un juguete al que había arrollado sin advertirlo. Luego creí que se trataba de alguna mascota que alguien había olvidado sobre la banqueta. No fue sino hasta que la levanté por la parte posterior de su vestido y la coloqué, después, sobre la palma de mi mano, que tuve que aceptarlo: estaba frente a una mujer increíblemente pequeña. Al menos así me pidió que la llamara. Un ser extraño.

La observé, naturalmente. La observé por mucho rato. Los días en el hospital me habían dejado débil y las alucinaciones suelen ser frecuentes en pacientes que han estado de manera prolongada bajo los efectos de la anestesia. Sonreí. Le agradecí a algo o a alguien que mi delirio no hubiera producido monstruos alados o fosas comunes o montones de cucarachas. En lugar de todo eso, pequeña y cariacontecida y justo sobre la palma abierta de mi mano, estaba una muñeca de vestido azul y zapatos altos.

—Puedes llamarme La Increíblemente Pequeña, si gustas —había dicho a manera de saludo mientras entornaba los ojos.

Me volví a ver el cielo en busca de refugio. Me reí de mí mismo. Iba a sacudir la mano para verla caer pero, en el último momento, reconocí algo en su rostro. Sus ojos inexpresivos, su nariz respingada, los labios carnosos. El cabello tal vez. La manera en que unas ondas castañas y tupidas caían sobre sus hombros. La escotadura supraescapular. Todos y cada uno de sus huesos. El modo en que la había tocado por dentro. La certeza era de color blanco y me inundó la cabeza y no me dejó ver nada más.

—Tú y yo alguna vez dormimos juntos —murmuré.

A veces suceden cosas así. A veces uno no es más que el muñeco del ventrílocuo que dice algo que no entiende. A veces uno se delata.

—Tú y yo alguna vez dormimos juntos —insistí, puesto que ella no decía nada. Y el sonido de mi propia voz me causó desconsuelo o bochorno. Tardó mucho tiempo en alzar el rostro, aparentemente sin entender. Juro que entonces apareció el rubor sobre sus mejillas o algo que me hizo recordar, entera, la palabra *rubicunda,* la cual no pronuncié. La sonrisa de la indefensión o de la burla estaba ahí, sobre sus labios. ¿Se burlaba, de verdad, de mí? Las ganas de desaparecer.

—Nada sexual —aclaré, y mi voz, entonces, volvió a causarme bochorno o desconsuelo, o ambos—. Fue cuando empezaron las bombas en la ciudad —farfullé—. Había más personas, quiero decir. Y tú eras de otro tamaño —atiné a decir al final, carraspeando.

Fue difícil reconocer el ruido de las balas al inicio. Las ráfagas aparecieron de la nada y me dejaron sordo. Sólo supe qué hacer cuando vi lo que hacían los demás: correr despavoridos buscando alguna forma de refugio. Sin pensarlo, obedeciendo a instintos más bien automáticos, coloqué a La Increíblemente Pequeña dentro del bolsillo de mi suéter y avancé en la misma dirección que los demás. Corrí por mucho rato. Corrí sin mirar atrás. No guardaba recuerdo alguno del bosque en que me interné cuando el sudor corría ya a chorros por la columna vertebral y la respiración me ardía en las membranas del esófago. Me detuve, exhausto, bajo la fronda de un árbol gigantesco. Un verde así. La mano sobre la textura rugosa del tronco inmemorial. La cabeza inclinada hacia el suelo. La saliva, cayendo. La hiel. Supongo que me desmayé.

Lo primero que vi al abrir los ojos fue la larga hilera de hormigas negras. El antes y el después. Avanzaban de manera incesante y veloz y en línea recta. Todas venían hacia mí. Directo hacia mis ojos. Vistas desde el suelo, a una distancia que se antojaba ominosa, daban la impresión de ser seres prehistóricos. Ochenta millones de años o más. El Pleistoceno. ¿Llevaba en realidad todos esos años ahí? No tardaron mucho en rodear un cuerpo que yacía con los brazos abiertos y las piernas flexionadas sobre las hojas muertas. La Increíblemente Pequeña se sentó entonces sobre mi pecho. Me vio como si observara algo inhumano a través de un microscopio.

—Vas a morir —me dijo con una voz muy pacífica: la voz de la persona que registra un dato, uno entre tantos otros. Uno entre muchos—. Pero no deberías decir mentiras.

Luego alguien o algo dijo: Me acosté contigo, con gusto, con ganas. Me atrincheré en tu cuerpo; pero el jolgorio del día anterior te había dejado rendido, así que te pasaste la noche roncando. Todo lo que hiciste fue entreverar tus piernas entre mis piernas.

Luego se levantó. Sacudió un polvo imaginario de su vestidito azul y me dio la espalda. Sentí cómo avanzaba sobre mi esternón para caer, luego, en la concavidad del abdomen. Una resbaladilla. Tengo la impresión de que algo cantaba cuando se introdujo bajo la pretina del pantalón. Evadió con destreza mi sexo flácido y muerto. Los testículos informes. El escroto. Ese vello hirsuto y blanco que cubría hasta la ingle. Continuó su camino por el muslo izquierdo, el promontorio de la rodilla, hasta arribar al tobillo. Entonces se salió de mí.

Cuando los paramédicos me introdujeron a la ambulancia no supe qué decir. Tenía una sed atroz. Unas ganas enormes de huir. Quería verla. Quería decirle que, a veces, el deseo. Que la piedad.

LO QUE YO QUIERO DE ÉL ES SU CUERPO

En 1947, después de haber publicado ya tres cuentos en las revistas *América* y *Pan*, Rulfo envió "Es que somos muy pobres" a los encargados de formar una antología de cuento mexicano. Según le contó Rulfo a su prometida en una carta de marzo del mismo año, los editores encontraron ese relato "subido de color", y le aceptaron, en cambio, "Nos han dado la tierra".[1] Así el texto en el que un narrador infantil teme que Tacha, una joven de doce años, se convierta, como sus dos hermanas mayores, en una *piruja* después de haber perdido una vaca, su más valiosa posesión, no vería la luz hasta no ser incluido en *El llano en llamas,* el libro que Rulfo publicó en 1953. Los antologadores seleccionaron, sin duda, el cuento que más se conectaba con la narrativa de la Revolución mexicana, pero Rulfo estaba al tanto de que había escenas "crudas y descarnadas" en "Es que somos muy pobres", cuyo origen él mismo no se llegaba a explicar. Esas escenas contienen descripciones del cuerpo y la sexualidad femenina poco comunes en la literatura de la época. "Según mi papá —relata el narrador— ellas [las hermanas mayores] se habían echado a perder porque éramos muy pobres en mi casa y ellas eran muy retobadas. Desde chiquillas ya eran rezongonas. Y tan luego que crecieron les dio por andar con hombres de lo peor, que les enseñaron cosas malas. Ellas aprendieron pronto y entendían muy bien los chiflidos, cuando las llamaban a altas horas de la noche. Después salían hasta de día. Iban a cada rato por agua al río y a veces, cuando uno menos lo esperaba, allí estaban en el corral, revolcándose en el suelo, todas encueradas y cada una con un hombre trepado encima." Frente a esta posibilidad futura descrita sucinta y austeramente, sin asomo alguno de moralina, el desarrollo físico de Tacha no puede ser sino ominoso. Sin una vaca que la ayudara a asegurar la atención de un "hombre bueno que la quiera para siempre", los senos de la púber, descritos como "puntiagudos y altos y medio alborotados para llamar la atención", parecen ciertamente estar preparando el camino de "su perdición".

[1] Juan Rulfo, *Aire de las colinas. Cartas a Clara,* México, Plaza y Janés, 2000, p. 68.

La sexualidad, especialmente la sexualidad femenina, fue un tema ampliamente debatido en los albores de la modernización mexicana. Justo en la mitad del siglo XX, cuando la migración campo-ciudad empezaba a configurar la gran megalópolis y los crecientes índices de producción hacían pensar a más de uno en un milagro económico, Octavio Paz publicó *El laberinto de la soledad,* en uno de cuyos capítulos el joven pensador expuso la sexualidad femenina como pasiva y abierta a la violencia a través del análisis de la figura histórica y mítica de la Malinche. En 1950, Rosario Castellanos, otra gran poeta mexicana, se graduaba de la Universidad Nacional con una tesis de filosofía también acerca de la condición de la mujer. El debate alrededor de la así llamada chica moderna fue álgido en esos años tanto en la academia como en la prensa. Las críticas ante su "escandalosa" manera de vestir y sus "liberales" actitudes frente a la familia y el sexo hicieron eco de una creciente ansiedad ante las transformaciones de la vida cotidiana asociadas con la modernidad.[2] El ominoso futuro de Tacha, la posibilidad de su "perdición", era, en fin, una narrativa más bien conocida y familiar hacia mediados de siglo. Lo extraño, lo que seguramente hizo que los editores de la antología del cuento mexicano consideraran "Es que somos muy pobres" como "subido de color" fue, sin duda, el lenguaje que utiliza Rulfo para explayar una visión a la vez detallada y compleja de la sexualidad femenina.

Hay una explicación social, directamente establecida, entre la condición de pirujas de las hermanas mayores y la situación económica de la familia. Sin embargo, este razonamiento no prefigura personajes pasivos o victimizados por su entorno. Juan Rulfo, en este sentido, está muy lejos de creer en la Malinche de Octavio Paz o en la Santa de Federico Gamboa. Que las pirujas tienen voluntad y deseo,

[2] Joanne Hershfield, *Imagining La Chica Moderna: Women, Modernity and Visual Culture in México, 1917-1936,* Duke University Press, 2008.

es decir, que poseen agencia, resulta claro en los adjetivos que utiliza Rulfo para presentarlas: ambas son "retobadas" y "rezongonas". Se trata, pues, de dos mujeres que han consecuentado su deseo y hecho su voluntad, aun cuando esa voluntad esté ciertamente limitada por un entorno de escasez en el que el dinero, "un capitalito" como lo es una vaca, es capaz de asegurar la virtud de las adolescentes.

De hecho, no son pocos los personajes femeninos de Rulfo que expresan su deseo, especialmente su deseo sexual, de manera directa. En los primeros fragmentos de *Pedro Páramo,* Eduviges Dyada no tarda mucho en relatarle a Juan Preciado cómo es que ella estuvo a punto de ser su madre. "Dolores fue a decirme toda apurada que no podía. Que simplemente se le hacía imposible acostarse esa noche con Pedro Páramo. Era su noche de bodas." El ruego continúa, el proceso de convencimiento, y Eduviges, al fin, cede. "Y fui", dice. "Me valí de la oscuridad y de otra cosa que ella no sabía: y es que a mí también me gustaba Pedro Páramo. Me acosté con él, con gusto, con ganas. Me atrincheré en su cuerpo; pero el jolgorio del día anterior lo había dejado rendido, así que pasó la noche roncando. Todo lo que hizo fue entreverar sus piernas entre las mías." Es apenas el fragmento número 9 del libro y, por una parte, ya Pedro Páramo ha sido despojado de la proeza sexual que suele asociarse a fuertes personajes masculinos, especialmente cuando sus nombres son llevados al título del libro. El lector se enfrenta, pues, de entrada, a un héroe emasculado y a una mujer "con ganas". Eduviges no es aquí la Malinche pétrea y perforada de Octavio Paz, ni la limitada mujer de la condición femenina de Rosario Castellanos. Eduviges es aquí un cuerpo sexuado a cargo de su deseo.

Fragmentos después, cuando en típica estrategia rulfiana el lector se entera prepósteramente de la razón por la cual Dolores Preciado no puede acostarse con Pedro Páramo en su noche de bodas, Rulfo introduce el cuerpo menstruante de la mujer en Comala y, de paso, en las letras mexicanas. Obedeciendo las órdenes del cacique, Fulgor Sedano pide en matrimonio a Dolores Preciado para reducir de esta manera las abrumantes deudas de la Media Luna. La mujer, reaccionando con gusto, le solicita, sin embargo, una tregua. Ante la renuencia del administrador, la mujer insiste: "Pero además hay algo para estos días. Cosas de mujeres, sabe usted. ¡Oh!, cuánta vergüenza me da decirle esto, don Fulgor. Me hace usted que se me vayan los colores. Me toca la luna. ¡Oh!, qué vergüenza". Fulgor Sedano, sin embargo, se muestra inflexible y, por ello, Dolores se ve obligada a intentar algunos remedios caseros. Así, ella "corrió a la cocina con un aguamanil para poner agua caliente: 'Voy a hacer que esto baje más pronto. Que baje esta misma noche. Pero de todas maneras me durará mis tres días. No tendrá remedio. ¡Qué felicidad! ¡Oh, qué felicidad!' " Cuando el remedio falla, Dolores Preciado no tiene otra solución más que pedirle el favor a Eduviges. El favor de suplantarle el cuerpo.

Una de las múltiples razones por las que Susana San Juan ha sido considerada por muchos como un peculiar y poderoso personaje femenino en la literatura mexicana del siglo XX es, precisamente, su relación estrecha y directa con su propio deseo. Viuda y trastornada, Susana, a pesar de estar casada con Pedro Páramo, no hace otra cosa más que recordar a su difunto marido, Florencio. La memoria de Susana, sin embargo, no es meramente romántica o platónica. Sus recuerdos se pueden masticar. "¡Qué largo era aquel hombre! ¡Qué alto! ¡Y su voz era dura…! ¡Señor, tú no existes! Te pedí tu protección para él. Que me lo cuidaras. Eso te pedí. Pero tú te ocupas nada más de las almas. Y lo que yo quiero de él es su cuerpo. Desnudo y caliente de amor; hirviendo de deseos; estrujando el temblor de mis senos y de mis brazos." Aprovechando la voz femenina, Rulfo lleva a cabo algo rara vez visto en la literatura mexicana de mediados de siglo: describir, con puntualidad, el cuerpo masculino. Rulfo nota y hace notar las fisuras, los temblores, los encantos de los cuerpos de los hombres, sin por ello dejar de lado su posible impotencia, tanto física como anímica, ante y por el cuerpo femenino.

Es claro que las ánimas que se pasean por Comala purgando culpas y murmurando historias son ánimas sexuadas. Al contrario del dios al que increpa Susana San Juan en uno de sus ardientes monólogos, a Rulfo no sólo le interesan las almas, sino más bien, acaso sobre todo, los cuerpos: las marcas de esos cuerpos, las interacciones de esos cuerpos, las transgresiones de esos cuerpos. Por esas áridas tierras donde sólo crecen arrayanes ácidos se desliza un tufo sexual. Por las ventanas de las casas de una Comala nocturna, cubierta de nubes, entran y salen hombres husmeando a sus presas —mujeres que otras mujeres, ya Dorotea o Eduviges o Damiana, le han facilitado al cacique y, sobre todo, al hijo del cacique, Miguel Páramo—. Del otro lado de esas ventanas asimismo esperan sobre sus lechos mujeres desnudas, como Damiana Cisneros, o temerosas de la muerte, como Ana Rentería. Y, para nombrar cada uno de estos encuentros, cada uno de estos deseos, Rulfo ha elegido sustantivos directos y denotativos, así como adjetivos de un gran poder de evocación sensorial. Cuando Dolores Preciado atiende el llamado de Inocencio Osorio, el provocador de sueños, la sesión con ese hombre "que escupe como los gitanos" consiste "en que se soltaba sobándola a una, primero en las yemas de los dedos, luego restregando las manos; después los brazos, y acababa metiéndose en las piernas de una, en frío, así, aquello al cabo de un rato producía calentura". Cuando Abundio se emborracha debido a la muerte de Refugio, su mujer, éste recuerda cómo "se acostaba con él, bien viva, retozando como una potranca, y que le mordía y le raspaba la nariz con su nariz". Incluso cuando Juan Preciado se descubre compartiendo una estrecha tumba con

Dorotea la Curraca ella está "en el hueco de [s]us brazos".
Las rodillas juntas.

Los lectores tempranos de Rulfo, aquellos que recibieron
sus libros con entusiasmo y recomendaron sus traducciones
a otros idiomas, han escrito, y mucho, sobre la violencia
sexual que ejercen los violadores, el cacique y, en su caso, el
hijo del cacique, en los caminos de Comala, ligando así la
figura del hijo bastardo con el sentido de orfandad de una
nación en pos de su propia modernidad. Atendiendo a caba-
lidad las descripciones rulfianas de los cuerpos y de la vida
sexual de éstos, habrá que expandir esa lectura de la modernidad para añadir un elemento no sólo fundamental sino
también expresado de manera explícita en el texto rulfiano:
el deseo sexual femenino. Acaso la incorporación activa de
la sexualidad femenina facilite una lectura más compleja, más
dinámica, de las múltiples maneras en que México enfrentó
el reto de su propia modernización en las inmediaciones del
siglo xx.

Unos diyitas

Perdóneme que me ponga colorada, don Fulgor.

La Doble de Doloritas observó la mancha sobre las sábanas blancas. Más un manchón que una mancha; nunca un
charco. Si la sábana hubiera sido un lienzo, a eso se le habría
llamado una pincelada. La Doble de Doloritas habría preferido, sin embargo, la palabra *mácula*. Eso, que podría venir
en tres o más nombres distintos y que alteraba el color original de la tela de la sábana, algodón 100%, no la dejaba concentrarse en lo que hacía. La Doble de Doloritas desnudaba
a un hombre o se dejaba desnudar por él —le costaba trabajo
reconocer quién hacía qué a quién— mientras ambos roda-
ban, atraídos sin duda por la fuerza de la gravedad, sobre la
superficie rectangular de una cama antes in-ma-cu-la-da.

No creí que don Pedro se fijara en mí.

La Doble de Doloritas lo había visto afuera, al otro lado de una mesa, solo. El hombre, de eso se dio cuenta de inmediato, estaba intensamente solo. Un vaso largo, lleno de un líquido color ámbar y cubos de hielo, muy próximo a su mano derecha. Algunas luces alrededor. Se aproximó, la Doble de Doloritas, segura de sí misma y de su relación con el exterior. Los pasos largos. La caballera, leonina. Cuando le extendió la mano, imaginó todo lo que sucedería después. El tacto. La sonrisa. Las miradas, entre el titubeo y el fulgor. La respiración. Las palabras: Vámonos de aquí. Un labio sobre otro labio. El sabor a chicle y almizcle y tabaco. Las manos. Una suerte de primigenio intercambio. Recapacitando en ese primer encuentro, la Doble de Doloritas tuvo que aceptar que, justo en ese momento, cuando le extendía la mano, sintió el flujo entre sus piernas. No exactamente entre las piernas, siguió recapacitando, sino todavía adentro del cuerpo. No dentro del cuerpo, recapitularía apenas un momento después, sino en ese minúsculo espacio que se fragua entre el cuerpo y la tela suave con la cual tenía contacto. La mancha debió haber empezado a formarse así. A la Doble de Doloritas ese pensamiento le provocó una risa oblicua.

No duerme, pensando en usted.

La Doble de Doloritas sabía pronunciar palabras vehementemente. Decía: Oh. Decía: La Alhambra es un lugar sagrado. Decía: Aquí.

Pero si él tiene de dónde escoger.

La Doble de Doloritas estaba convencida de que, entre los cuerpos, nada era cuestión de voluntad. Confiaba en la belleza de las palomas. Mordía en lugar de besar: sobre el hombro, en la curvatura que anuncia el inicio del cuello y, luego, en la curvatura que anuncia el inicio de la nuca. El sabor a sudor, a glándula sebácea, a piel sin jabón. El sabor a ¿qué? Todavía tenía que decidir eso.

Abundan tantas muchachas bonitas en Comala.

Dudaba. La Doble de Doloritas, por ser doble, estaba acostumbrada a dudar. Acaso por eso su relación con el exterior tuviera la *apariencia* de ser tan directa, clara, unidireccional. Los dobles suelen ser así, eso se sabe. Dudan y son seguros a un mismo tiempo. Si fueran seguros o dudaran, entonces dejarían de ser el Doble para convertirse en el Original. Justo en ese instante el hombre le susurró al oído: Para mí, tú eres la Original. Y la Doble de Doloritas, aun queriéndolo, no atinó a reaccionar.

¿Qué dirán ellas cuando lo sepan?

Uno frente al otro, cada uno sobre su propio costado, se dieron cuenta de que sería mejor carecer de un brazo: él, del izquierdo; ella, del derecho. Entonces seríamos mancos, alguno de los dos dijo eso. El pensamiento, de súbito, los ruborizó. Por eso rieron. Por eso continuaron bajando cierres, desabotonado camisas, desanudando cordones. Desvestirse es siempre una competencia de habilidades mínimas.

Él sólo piensa en usted, Dolores.

La Doble de Doloritas extendió el brazo izquierdo, contorsionó la parte superior del cuerpo —los senos súbitamente empequeñecidos— y alcanzó la cadena que, al ser jalada hacia abajo, apagaba la luz de la lámpara. Le gustaba la oscuridad porque ahí sólo importaban los contornos.

De ahí en más, en nadie.

El olor dentro de la habitación cerrada, esto es lo que notaba la Doble de Doloritas. Rancio. Puntiagudo. Agridulce. Pastoso. Medicinal.

Me hace usted que me den escalofríos, don Fulgor.

El hombre, sin despegar los ojos del rostro de la Doble de Doloritas, colocó una mano sobre el pubis. Los dedos entre las sortijas del vello. *Hirsuto* es un adjetivo que viene de inmediato a la cabeza. *Híspido* es una palabra ajena. Los dedos, abriéndose paso entre los pliegues de carne sexual, eran tres. Cuando el índice localizó el clítoris, posándose con destreza sobre su cresta, los muslos se separaron. Era una reacción casi inmediata. El gemido debía ser también una reacción ancestral. Luego, el suave vaivén de la cadera. La necesidad de cerrar los ojos. Entreabiertos, por otra parte, los labios. El hombre, en definitiva, no sabía hablar.

Ni siquiera me lo imaginaba.

El índice, que regresaba a la boca de la Doble de Doloritas, sabía a otra cosa. Sabía a algo más.

Es que es un hombre tan reservado.

La Doble de Doloritas abrió los ojos. Hubiera preferido que él le dijera algo. Hubiera preferido no tener que preguntárselo.

Don Lucas Páramo, que en paz descanse, le llegó a decir que usted no era digna de él.

Las camas son aposentos extraños. Alguien pensaba eso.

Y se calló la boca por pura obediencia.

La Doble de Doloritas miró al techo, asustada. El techo era de un apagado color blanco, o al menos eso imaginó al amparo de la oscuridad. ¿Desde cuándo no podía pronunciar una pregunta? Lo abrazó cuando quiso dejar de ver su rostro. Resulta fácil, a veces, confundir la turbación con el afecto.

Ahora que él ya no existe, no hay ningún impedimento.

El hombre interpretó su abrazo como una señal para avanzar. Le mordió el cuello y apretó el pezón derecho con los dedos. Luego dirigió los labios hacia los senos y se entretuvo chupando primero uno y después el otro, sólo para regresar más tarde al primero. Estuvo así bastante rato. La Doble de Doloritas, que ya había vuelto a recostarse sobre su costado, se preguntó algunas veces si el Hombre Reservado podría distinguir el sabor de su propia saliva. Supuso, de inmediato, que la respuesta a esa pregunta sería negativa, pero se entretuvo considerando la posibilidad de que algo así fuera posible. Si lo fuera, se dijo a sí misma mientras la boca de él continuaba succionando algo o nada de sus pezones resentidos, él estaría saboreándose a sí mismo en cada oscilación. En su ir y venir. ¡Cuánto amor!

Fue su primera decisión, aunque yo había tardado en cumplirla por mis muchos quehaceres.

La mano derecha, hacia el pubis. La mano izquierda, entre las nalgas. La Doble de Doloritas, a momentos, encontraba difícil seguir pensando.

Pongamos por fecha de la boda pasado mañana.

Cuando lo hacía, cuando lograba hilar un pensamiento entre gemido y gemido, pensaba en la sábana in-ma-cu-la-da.

¿Qué opina usted?

Que debería continuar, por supuesto. Eso también lo pensaba. Que el índice sobre el clítoris. Que el anular, adentrándose.

¿No es muy pronto?

Los muslos cayeron de un lado al otro del tronco de su cuerpo. El verbo *deshojar*. La utilización de las cursivas.

No tengo nada preparado.

Cuando la Doble de Doloritas empezó a temblar, primero con tremores leves y, más tarde, con una serie de sincopadas sacudidas, el hombre se detuvo a mirarla. Se aproximó a ella. Recostó su pecho de escasos vellos lacios sobre los senos de la mujer que era la réplica de otra. Su oreja. Parecía estar contando el número de latidos. Parecía interesado en los diminutos fenómenos del sonido interno de los cuerpos.

Necesito encargar los ajuares.

Sacó el preservativo de los bolsillos del pantalón a toda prisa. Tuvo que salir del rectángulo inmaculado y regresar, casi de inmediato, a él. Tuvo que sostenerle la mirada y abrir el envoltorio de plástico y desenrollarlo, con cuidado pero a toda velocidad, sobre su pene erecto. Luego, sin esperar demasiado, empujó las rodillas de la Doble de Doloritas, una a la izquierda y otra a la derecha, y se colocó en el centro. Se introdujo en ella lentamente, ayudándose con la mano izquierda. A la Doble de Doloritas le sorprendió que él fuera zurdo.

Le escribiré a mi hermana.

Si hubiera sido su cuerpo, tal vez habría sabido cómo proceder. Pero como, en sentido estricto, era el cuerpo de otra, lo siguió dudando. Escuchó el ruido de los autos al otro lado del ventanal. Alguien, en algún lugar no muy lejano, acababa de abrir una puerta. A algunas personas eso no les importaba, eso lo daba por hecho. Pero a otras sí, y eso la llevaba a morderse los labios cuando empezaba otra vez a suspirar.

O no, mejor le voy a mandar uno propio pero de cualquier manera no estaré lista antes del 8 de abril.

Hizo cuentas. Mientras el pene del Hombre Reservado entraba y salía de su cuerpo, la Doble de Doloritas hacía cuentas.

Hoy estamos a 1.

Algo irremediablemente melancólico en las hojas de los calendarios.

Sí, apenas para el 8.

Algo calendáricamente irremediable en las hojas de la melancolía.

Dígale que espere unos diyitas.

Algo melancólicamente calendárico en las hojas de lo irremediable.

Él quisiera que fuera ahora mismo.

Se distrajo. Elevó la pelvis y sintió el peso de su propio peso sobre la parte posterior de los talones. Empezó a mecerse.

¿En qué punto del cuerpo termina el mundo interior? Quiso alcanzar sus labios y, luego de un rato, desistió. La cabeza hacia atrás, y esa leve ondulación de los huesos de la tráquea bajo la piel. Las palmas de las manos abiertas sobre el rectángulo de la cama. Tenerte dentro de mí: la frase salió entera de sus labios, tautológica. Constatar, que no leer, es lo que hacemos hoy.

Si es por los ajuares, nosotros se los proporcionamos.

Pero la sábana. Pero la mácula en la sábana.

La difunta madre de don Pedro espera que usted vista sus ropas.

Era obvio que el Hombre Reservado cuidaba la organización y la limpieza de su entorno. Los zapatos uno al lado del otro, eso había notado incluso cuando lo tuvo que desnudar. El derecho, del lado derecho; el izquierdo, del lado izquierdo. La lámpara en el centro equidistante del nochero. Los cojines; las almohadas. El discreto aroma a producto de limpieza entre los pliegues del edredón.

En la familia existe esa costumbre.

Y ahí estaba, en un allá con forma de vaso azul.

Pero además hay algo para estos días.

Jadeaban ya. La Doble de Doloritas emitía sonidos muy breves: una especie de estertor intermitente que surgía de algún lugar detrás del esternón sólo para ascender en zigzag, chocando contra las paredes de la laringe, hasta la apertura de la boca. Más sonoro que un suspiro, pero sin llegar a ser un grito. Una exhalación. Los sonidos del cuerpo de él eran incluso más apagados. *Mohín* es una palabra que no pertenece al universo del sonido y, sin embargo, eso que apenas alcanzaba a cruzar sus labios entreabiertos era, en realidad, un mohín.

Cosas de mujeres, sabe usted.

Fue entonces cuando sintió el borbotón entre sus piernas. No entre sus piernas, recapacitó. Antes. El líquido manaba del mundo interior de todo su cuerpo y, a cada nueva embestida del pene, mientras éste casi salía de su mundo interior sólo para volver a introducirse con mayor presteza, escurría por entre sus nalgas hasta formar una lacustre extensión sobre la sábana.

¡Oh!, cuánta vergüenza me da decirle esto, don Fulgor. Me hace usted que se me vayan los colores. Me toca la luna, ¡oh!, qué vergüenza.

El aroma, a ella, le pareció inconfundible. Huele a color rojo, se dijo a sí misma la Doble de Doloritas como si se estuviera dirigiendo en realidad a la Original. ¿Lo notas? ¿Notas que el color rojo siempre huele a todo esto? Y en la habitación cerrada, eso en efecto, las madejas de color rojo. Un acierto.

¿Y qué? El matrimonio no es asunto de si haya o no luna. Es cosa de quererse. Y, en habiendo esto, todo lo demás sale sobrando.

¿Tendría que detener el suave intenso profundo mullir de los cuerpos? ¿Le diría de un momento a otro: mira cómo resbala viscoso inútil el tedio del menstruo? ¿Lo invitaría a tocar lamer beber pintarse los labios con su adentro? Si alguien hubiera ordenado con voz firme: traigan una nueva colección de pinceles. Si alguien hubiera dicho: esto es el lienzo donde permanecerás. Si el corazón. Si las manos.

Pero es que usted no me entiende, don Fulgor.

La Doble de Doloritas se detuvo. Cerró los ojos, los labios. Luego, con un leve movimiento de las manos, lo expulsó. El mundo exterior. El Hombre Reservado la miró por un momento, meditabundo. Si hubiera tenido barba, éste habría sido el momento exacto para llevarse la mano al mentón. Mesar. Movió la cabeza de derecha a izquierda, muy levemente. El sonido de los autos lejanos le trajo a la cabeza el oleaje del mar. Se tocó el pene húmedo, erecto. Pasó su mano izquierda sobre la rodilla femenina, como al descuido. Todavía de camino al baño no atinó a esbozar ninguna palabra, aunque sí un chasquido. El lenguaje, a veces, se guarda. La voz.

Entiendo. La boda será pasado mañana.

Tiempo después, la Doble de Doloritas habría de recordar el momento en que escuchó el torvo dulce lejano sonido de la risa masculina. Más una exclamación sin rumbo que una verdadera algazara. Más un relincho. El Hombre Reservado había abierto la puerta y, dirigiéndose a ella como si fuera la Original y no la Doble de Doloritas, se había sentado a su lado. *Y calló por pura obediencia,* dijo o preguntó. La mano húmeda roja menstrual había caído entonces sobre su cabello para luego introducirse entera masculina esencial dentro de su propia boca. El verbo *chupar.* Los dedos pastosos sumergidos cálidos recorrieron su propio cuello, sus clavículas. *Perdóneme que me ponga colorada, don Fulgor,* murmuró ella. *Que traigan una nueva colección de pinceles,* oyó que dijo. Éste es tu lienzo. Y éste el título de lo que serás: *Y la dejó con los brazos extendidos pidiendo ocho días, nada más ocho días.*

Como se platica en todas partes

Y
se
disolvieron

como

sombras

Toda historia es una historia de amor de una historia

Toda historia es una historia de amor. Y toda historia de amor es, sobre todo, un amor a la historia. *Pedro Páramo*, la muy leída y muy interpretada novela que Juan Rulfo publicó en 1955, es una historia de amor: una historia rota y un amor no correspondido. Mejor decir: un amor no correspondido y una historia en forma de interrupción.

Todo ocurre en Comala, ese purgatorio donde vagan las ánimas. Juan Preciado busca a su padre, un tal Pedro Páramo, quien ha procreado múltiples hijos pero ha amado a una sola mujer: Susana San Juan. Ya en el fragmento número 6, un Pedro niño responde con lentitud a las peticiones de los adultos por quedarse a pensar, que en su vocabulario personal no es otra cosa más que pensar en Susana San Juan y describir el paisaje de sus recuerdos. "Pensaba en ti, Susana", se guarda para sí cuando la madre lo interrumpe una y otra vez mientras él está en el escusado. "En las lomas verdes. Cuando volábamos papalotes en la época de aire." Ensimismado, lento, intenso en sus evocaciones, el carácter de Pedro quedará pronto entrelazado también con su pericia para tratar asuntos de dinero. En el fragmento número 7, respondiendo al encargo de comprar un nuevo molino, "se dio una vuelta por la repisa del Sagrado Corazón y encontró veinticuatro centavos. Dejó los cuatro centavos y tomó los veinte". Un momento después, aprovechando el encargo de la abuela, su madre lo manda también por tafeta y cafiaspirinas y, buscando dentro de la maceta indicada, "encontró un peso. Dejó el veinte y agarró el peso". El niño piensa entonces, de manera por demás explícita: "Ahora me sobrará dinero para lo que se me ofrezca".

Son varias las señales, y aparecen temprano en el libro, que prefiguran la tragedia de Pedro: esa creencia de que el dinero podrá servirle para todo *lo que se le ofrezca*. Así, cuando

Susana deja el pueblo, el adolescente piensa, porque lo sabe de ciencia cierta: "No regresará jamás; no volverá nunca". No es sino hasta 33 fragmentos más tarde, justo cuando Juan Preciado ha escuchado por primera vez el susurro del ánima de doña Susana, la mujer que habla sola, que Pedro Páramo lo reconoce: "Esperé treinta años a que regresaras, Susana. Esperé a tenerlo todo. No solamente algo, sino todo lo que se pudiera conseguir de modo que no nos quedara ningún deseo, sólo el tuyo, el deseo de ti". Susana, mientras tanto, se ha casado con Florencio, cuyo fallecimiento la deja trastornada. Y Pedro Páramo, con la ayuda de Fulgor Sedano, se ha dado a la tarea de poseerlo, en efecto, todo. Es así como el dueño de la Media Luna termina pidiendo en matrimonio y casándose con Dolores Preciado, madre de Juan, la dueña de la tierra de En Medio: su matrimonio no sólo resarcirá la deuda de Páramo con los Preciado sino que también le ayudará a completar, con la de En Medio, la tierra de la Media Luna. El deseo, ahíto, listo para recibir a Susana San Juan.

Una historia de amor imposible precisa de una enunciación imposible. Para seguir el anhelo amoroso de Pedro Páramo, que es absoluto, Rulfo ha precisado de estrategias narrativas que lleven la historia de un plano terrestre a otro en el más allá, donde los protagonistas continúan purgando sus penas. La historia de amor, que se presenta sin anunciación alguna en el fragmento 6 y continúa luego en el 10, queda suspendida hasta que los murmullos y el recuerdo que éstos desatan se conjuntan hacia el segundo tercio de la novela. En típico método rulfiano, primero aparece, aparentemente de la nada, el nombre de un personaje, en este caso el de una mujer: Justina Díaz. Un fragmento después, en el número 41, los murmullos atendidos por otro personaje ya conocido, en este caso el de Dorotea y Juan Preciado, develan algunos datos de la aparecida: se trata de Justina, la nana de Susana San Juan. "Ha de ser la que habla sola", dice Dorotea, "[l]a de la sepultura grande. Doña Susanita. Está enterrada aquí a nuestro lado. Le ha de haber llegado la humedad y estará removiéndose en el sueño". Contestando a la pregunta: "¿Y quién es ella?", pronunciada por Juan Preciado, Dorotea abunda: "La última esposa de Pedro Páramo. Unos dicen que estaba loca. Otros, que no. La verdad es que ya hablaba sola desde en vida". La conversación entre los espectros, que comparten el estrecho espacio de una tumba, sigue adelante hasta aclarar que Pedro Páramo "la quería. Estoy por decir que nunca quiso a una mujer como a ésa. Ya se la entregaron sufrida y tal vez loca. Tan la quiso, que se pasó el resto de sus años aplastado en un equipal, mirando el camino por donde se la habían llevado al camposanto". Avanzando en la narración, pero retrocediendo en el tiempo terrestre en el que aconteció la historia, pronto resulta claro que, para obtener a Susana San Juan, Pedro Páramo tuvo que mandar matar a Bartolomé San Juan, su padre. De esa manera, tal como se lo explica a su administrador, Fulgor Sedano, "ella tiene que quedarse huérfana. Estamos obligados a amparar a alguien". Susana se convierte así, a la mala, en la última esposa de Pedro Páramo.

Y es aquí, hasta aquí en realidad, aquí y junto al cataclismo de la historia de amor, que se introduce la Historia. Viene de la mano de Fulgor Sedano, el facilitador del amor malhabido. En el fragmento número 50, y una vez más en típico hacer rulfiano, aparece un nombre de la nada: se trata de alguien a quien le dicen el Tartamudo. Balbuceante, él lo anuncia: los revolucionarios han llegado a la Media Luna, tras asesinar al administrador. Pedro Páramo, irritado por la intervención pero reaccionando con la presteza que sus años como cacique rural le aseguran, regresa a sus habitaciones para hacer lo que hacía antes, lo que hacía siempre: pensar obsesivamente en Susana San Juan, espiar sus sueños, tratar de entender el porqué de "la cara sudorosa, las manos agitando las sábanas, estrujando la almohada hasta el desmerecimiento". El monólogo del fragmento número

51, un largo discurso amoroso en primera persona en el que se describen escenas de claro contenido sexual en relación con su difunto esposo, deja en claro que aquello que Pedro Páramo no entiende, eso que le resulta inconcebible, es que él, que ama, no es amado. Él, que desea, no es deseado. La Media Luna, incluso con la tierra de En Medio, seguirá siendo la Media Luna. Entre el mundo y el deseo, pues, se abre una rendija y, por ahí, por esa hendidura, se trasminará, poco a poco, de manera interrumpida, la historia mexicana.

Juan Rulfo fue hasta el final de sus días un entusiasta de la historia. Su interés por el México rural lo llevó a explorar sus archivos, fotografiar sus paisajes y escribir sus relatos regionales. Pero en *Pedro Páramo,* ese libro al que también podó de moralejas, Rulfo no muestra su extenso conocimiento de hechos y nombres de la historia del Bajío. Su estrategia es del todo distinta. Los revolucionarios que aparecen como de la nada en el fragmento 50 lo vuelven a hacer, de manera intermitente, en el 52, 53, 56 y 59, acrecentando su presencia en las últimas tres secciones de la novela. Intercaladas, la historia de amor y la historia de México, ambas trágicas, se vuelven eco la una de la otra. A medida que la primera languidece, la segunda se torna más violenta y corrupta. Más real. En Rulfo, pues, la Historia no es un mero contexto más o menos estable dentro del cual ocurren eventos de diversa índole, incluidos los amorosos. Al contrario, en Rulfo, la historia, entendida como el recuento del pasado, es una interrupción constante de la historia, que es una historia de amor.

En sus famosas tesis sobre la historia, Walter Benajamin aducía que no conocemos las cosas como sucedieron, sino como emergen, en el presente, en un instante de peligro. Hacia el último tercio de *Pedro Páramo* resulta claro que la única manera de aproximarse a ambas, la historia de amor y la historia de México, es a través de ese instante de peligro en el cual coloca Rulfo la realidad a través de la escritura.

Un cortejo

Inicial. Gradual. Astral. Letal. Total. Todo sucede más o menos así.

Cuando les digo a mis amigos que @MiguelPáramo está invitado a comer, parecen coincidir en algo: es peligroso.

Es tan violento y vive tan de prisa que a veces se me figura que va jugando carreras con el tiempo. Eso han oído decir.

De muchachito se retorcía, pequeño como era, como una víbora. Eso han oído decir. Entre una cosa y otra pasan siempre muchas cosas.

A @MiguelPáramo le informan los vecinos que nadie vive aquí. Tal vez los vecinos tienen razón.

Estuvimos a punto de no conocernos. En efecto, durante dos horas no nos conocimos.

Los aeropuertos son una carrera de obstáculos. Nice.

Nadie tiene su número celular. Nice.

El calor produce una nostalgia infinita. Nice.

Las sogas, la silla, el rifle de precisión: @MiguelPáramo toca a la puerta.

A veces es necesario utilizar la frase: A pesar de todo.

El mar, embravecido. El bosque a lo lejos. @MiguelPáramo lo nota primero: es una avispa o una abeja.
Encender el fuego es el más puro ejercicio de meditación.

Los comensales lo dicen al unísono: la carne está muy buena. Y @MiguelPáramo asiente con la cabeza.

Muerde con entusiasmo. Mastica. Deglute. El método de su saliva. Las espuelas.

En efecto, tengo mis fans. Dijo @MiguelPáramo en un momento dado.

En el patio de Robert Plant (hay aquí una escalera al cielo): los hombres lo ven de lejos. Las mujeres se aproximan con cautela.

El corno inglés. Las herraduras de los caballos sobre la arena. @MiguelPáramo dice: esto es la oscuridad.

El resuello de las bestias. La luna, que mengua. Las mujeres, que visten de seda, van hacia él. @MiguelPáramo murmura: Había una vez. Érase.

El fuego está. La luz de las velas. Todo parece indicar que @MiguelPáramo habla de las bestias.

De aquí para allá y de allá para más allá.

El brillo de los ojos frente al asador. Érase una silla, una soga, un rifle. Había una vez un guardabosque. Las mujeres de seda y @MiguelPáramo.

¿Cuál es el momento exacto en que extienden sus brazos y le regalan sus muñecas?

¿De qué se llena el segundo que transcurre entre la leve inclinación de la cabeza que es un saludo y la mano que, expedita, levanta la falda y se introduce sin obstáculo alguno entre las nalgas?

¿En qué instante la mujer se vuelve toda cerviz, algo que se inclina?

Algunas preguntas deben quedarse sin respuestas.

La boca contra el pezón. La boca contra el hombro derecho. La boca contra la nuca y el nacimiento del cabello. Los dientes. La respiración, que se agita.

La mano contra la vulva. El rostro contra el rostro. La falta de expresión.

Detrás del cristal, los hombres. Las historias se reúnen alrededor del fuego. Hace frío. Es hora de cazar, había dicho @ MiguelPáramo.

Mi pornografía. Mi celo. Mi danza estelar.

Utiliza el objeto indirecto para ocultar. Pero, en definitiva, hay una mujer atada a la silla y hay dos hombres. O más.

Dicho de un cuerpo, *penetrar* significa introducirse en otro. Dicho del frío, *penetrar* quiere decir hacerse sentir con violencia e intensidad.

Aquí todo es deseo. Aquí todo es carnal.

La respiración, que se agita. *Latir* es algo más que un verbo. Éstas son tus rodillas.
Dicho de lo agudo del dolor, del sentimiento o del afecto, *penetrar* quiere decir llegar a lo interior del alma. Adentrarse. Comprender.

Resulta difícil en cualquier momento describir los aromas.

Del latín *penetrāre*.

El corno inglés. El súbito ladrar de todos los perros. El crujir de muchas ramas juntas.

El momento del grito sucede aquí.

Todo junto y todo a la vez, sugiere o desea @MiguelPáramo.

Un eco es un eco es un eco es un.

Debe haber una mejor manera de indicar el paso de mucho tiempo. La sensación, al menos.

Y en el posporno la cenicienta brillaba, el gato se quitaba las botas y la ex durmiente guiñaba el ojo izquierdo.

La danza del amor y el terror. Su cortejo. Había un bosque.

Esto es un cuerpo. Lo que estuvo aquí es, en efecto.

ALLÁ TE COMERÁN LAS TURICATAS[3]

Había soñado que alguien tocaba a la puerta y se presentaba con una pequeña tarjeta donde se alcanzaba a ver el dibujo de un monociclo. Era de noche. Justo en ese momento un par de autos con los faros encendidos atravesaba el jardín de árboles frutales. De las limusinas bajaba una serie de hombres delgados que, de inmediato, se montaban en sus monociclos. Pronto estaban ya moviéndose dentro de una coreografía

[3] Una versión de este cuento se publicó como libro ilustrado en la editorial La Caja de Cerillos en coedición con Conaculta, en 2013.

que no dejaba de tener su encanto. Una serenata, entendía yo por fin, sonriendo. Una serenata en monociclos.

Eso le alcancé a decir, susurrando, en medio de la noche, justo cuando me despertó el ruido que provocaba la lluvia al tocar el techo. Luego me volví a dormir. Cuando logré despertar otra vez, la cama estaba vacía. Una nota en su lugar: Bajé al monasterio.

Habíamos ido a ese pueblo remoto en la cima de una montaña para visitar, en efecto, un antiguo monasterio del siglo XVI. Las ruinas de un monasterio, sería más preciso decir. Todo se reducía, tal como lo habíamos visto la tarde anterior, a unas cuantas paredes de adobe, un par de cuartos con algunas reliquias de piedra y madera. Una noria ya seca en el centro de un patio. Algunas flores. Pero el lugar, lejano de todo y rodeado de pinos, tenía su magnetismo. Un raro encanto. Pude entender a la perfección que se levantara temprano y que cerrara con mucho cuidado la puerta de la habitación que habíamos rentado con tal de ir de regreso a ese sitio. Supuse que querría tomar fotografías o hacer los dibujos del caso. Tal vez sólo quería admirar las ruinas a solas, rodearse de su silencio. Las parejas que han pasado mucho tiempo cerca suelen comportarse así. Por eso dejé pasar un rato antes de vestirme y tomar café y salir en la misma dirección. Por eso me estiré con gusto y, al enfrentar el paisaje, sonreí. El aire de la sierra sobre la cara. Las manos dentro de los bolsillos. El ruido de las botas al caer sobre el pastizal seco, amarillo. Pensaba en todo eso mientras avanzaba por la vereda terriza que terminaba, eso lo habíamos comprobado el día anterior, justo ante las pesadas puertas del monasterio.

Y más allá, una línea de montañas. Y todavía más allá, la más remota lejanía.

No supe en qué momento me perdí. Primero llegó la niebla a cubrirlo todo y, luego, de inmediato casi, la vereda desapareció bajo mis pies. A momentos me resultaba casi imposible ver la punta de las botas. Si seguí avanzando fue porque no se me ocurrió hacer otra cosa. Uno nunca sabe en realidad qué cosa hacer exactamente entre la niebla. Cuando por fin pasó, cuando abrió su manto y pude distinguir algo otra vez, el paisaje no había cambiado. Ahí estaba la línea de montañas y, más allá, la más remota lejanía. Los pinos seguían señalando algún punto del cielo. Los pájaros, que parecían tordos, volaban y cantaban al mismo tiempo. Lo que no alcanzaba a divisar, lo que ya no estaba por ningún lugar, era el monasterio al que me dirigía. Caminé todavía más, como si todavía me encontrara bajo la niebla, confiando en que pronto retomaría la vereda. Caminé al mismo paso veloz, primero con la boca cerrada, aspirando y exhalando por la nariz pero, al cabo de un rato, el corazón latiendo con prisa a causa de la altura, no tuve más remedio que abrir los labios. *Resoplar* es un verbo atroz. Por un momento pensé que me echaría a llorar o que caería de rodillas sobre el pastizal o que vomitaría a causa del esfuerzo. Iba a gritar su nombre cuando divisé una casucha a lo lejos. Era una cabaña de cuya chimenea emergía un humo blancuzco que me recordó mi estado de agotamiento. Incluso así, extenuada y miedosa, tuve fuerzas para correr. Ir es siempre ir a un encuentro. No dudé en tocar a la puerta. Supuse que ahí me dirían cómo regresar al monasterio o al poblado de donde había partido no hacía mucho. Supuse tantas cosas. Pero la mujer que abrió la puerta me miró con espanto y, luego, cuando se recuperó, dijo unas palabras que no entendí. Yo repetí mi nombre y extendí la mano. Aprisa, con una emoción que apenas podía controlar, le describí mi situación. Ella guardó silencio al inicio y, luego, mirándome con lo que parecía ser una paciencia infinita, volvió a decir algo que fui incapaz de comprender. Fue ella la que se dio cuenta primero de que no hablábamos la misma lengua. Fue ella la que colocó su mano derecha sobre mi hombro mientras volvía la cabeza hacia el interior del recinto y se dirigía a un hombre que pronto estuvo también bajo el dintel de la puerta. Sus palabras me resultaron igualmente indescifrables. De todos modos, con ayuda de señas, me invitaron a entrar. *Y entré. Era una casa con la mitad del techo caída. Las tejas en el suelo. El techo en el suelo. Y en la otra mitad un hombre y una mujer.* Fue entonces cuando noté que ambos iban desnudos.

—¿Pero cómo es que no tienen frío? —fue lo único que alcancé a balbucir antes de que ella colocara un vaso de leche sobre la mesa que era, apenas lo notaba entonces, una puerta. Dudé en tomarlo, pero ella me conminó a hacerlo. Cuando me resistí, colocó el vaso bajo mis labios y gruñó algo. El hombre nos miraba con atención desde su puesto frente a la chimenea. Un par de avecillas entraron por el agujero del techo y, luego de posarse momentáneamente sobre una escoba, salieron otra vez, en silencio. No sabía dónde estaba y tenía miedo. Miedo y curiosidad. Miedo y un cansancio mayúsculo. Miedo y ganas de entender qué hacían ese hombre y esa mujer desnudos, dentro de una cabaña medio derruida que estaba cerca de un monasterio rodeado de bosque y de la lejanía. No sabía dónde estaba y el miedo me obligaba a revisar con todo cuidado el contorno destrozado del interior de la cabaña. Una nuez. Una nuez seca o vacía.

Supuse que ellos tendrían sus preguntas también. Al menos ella. En todo caso fue ella la que se sentó frente a mí al otro lado de la mesa y, mientras volteaba de cuando en cuando, con aparente nerviosismo, hacia el lugar donde ya no estaba el hombre, se puso a hablar. Por las señas y el tono de la voz entendí que quería que viera las manchas sobre su cuerpo, especialmente sobre la cara. Parecía que entenderlo, o al menos aparentar que lo entendía, era de alguna relevancia para ella. Llegó incluso a tomar mi mano y dirigirla hasta su mentón para que comprobara que ahí había algo. Hubo un momento en que colocó su cabeza sobre la mesa para que pudiera ver mejor lo que, de cualquier manera, no distinguía. Entonces moví el rostro de arriba hacia abajo, admitiéndolo, confirmando que ahí había algo, y entonces ella se calmó. Su charla continuó pero en un tono distinto ahora. De algo se quejaba, eso me quedaba claro. Se señalaba los senos y, luego, dirigía la mirada a su pubis mientras abría las piernas. Algo decía en voz muy baja que le causaba un temblor apenas perceptible en los labios. Algo le producía las lágrimas chiquitas que luego le escurrían por las mejillas huecas. Debía tener hambre o tener muchos años. Fue el instinto, supongo, el que arrojó mi mano hacia la de ella, tocándola. Pocas veces había estado tan desorientada en mi vida. El miedo del inicio había dado lugar a un miedo distinto. Sentía frío, en efecto, y el cansancio, que no había amainado con la casa y la leche y la plática, me jalaba hacia el piso. Estar exhausta es esto, pensé, tener raíces.

—¿Desde cuándo estás aquí? —le pregunté a sabiendas de que no obtendría respuesta—. ¿Quién es ese hombre? —insistí—. ¿Te tiene aquí a la fuerza?

La mujer me miraba con sus grandes ojos negros y, angustiada, contestaba cosas que yo no podía traducir. Me desesperé, naturalmente. Intenté incorporarme para salir y seguir buscando el regreso a la vereda del monasterio, pero ella me atajó. *Por el techo abierto al cielo vi pasar parvadas de tordos, esos pájaros que vuelan al atardecer antes de que la oscuridad les cierre los caminos. Luego, unas cuantas nubes ya desmenuzadas por el viento que viene a llevarse el día.* Es difícil saber a veces cómo pasa el tiempo. Me volví a sentar, sin remedio. El hombre apareció entonces y se colocó junto a ella. Algo le dijo. Algo discutieron frente a mí, como si estuvieran solos. Al final, él desapareció por un rato y luego volvió con un plato hondo entre las manos. Con movimientos rápidos y hoscos, colocó el plato sobre la mesa que era una puerta. Se trataba de una sopa caliente donde naufragaban apenas unos cubos de papa y unos huesos blancos. Una cuchara de plata vieja me ayudó a llevarme el líquido caliente a la boca abierta. Sonreí. La sensación de bienestar que llegaba al estómago me obligó a verlos con agradecimiento. Ahí estaban los dos, detenidos el uno dentro de los brazos del otro, viéndome, esperando un veredicto.

—¡Qué rica! —exclamé, como si me entendieran. Y ellos, a juzgar por las expresiones de sus rostros, lo hicieron.

Algo se dijeron entonces con algarabía y algo me dijeron en el mismo tono antes de ir hacia el equipal donde descansaban sus ropas. Me estaban ofreciendo un par de sábanas raídas y, por el gesto, supuse que me invitaban a dormir. Les dije que no con la cabeza; se lo agradecí, colocando la mano derecha sobre el corazón e intentando una pequeña inclinación del torso. Por más que quise no encontré las señas adecuadas para hacerles entender que alguien me esperaba allá arriba, no muy lejos de ahí, dentro de un cuarto rentado.

—Hay alguien del otro lado del bosque —dije varias veces, cada vez en tono más bajo, hasta que la frase se transformó en un puro eco.

Ellos no me entendieron o fingieron no entenderme y me llevaron del codo hacia la cama de otate que yacía en un extremo de la casa, la parte donde sí había techo. Juntos los dos, como si se tratara de un par de ancianos preocupados por el bienestar de un hijo pequeño, me empujaron hasta que no me quedó más remedio que sentarme y, luego, acostarme sobre las sábanas raídas. *La almohada era una jerga que envolvía pochote o una lana tan dura o tan sudada que se había endurecido como leño.* Supuse que la palabra con la que se despedían de mí era "descansa" y que alguien dentro de mí los entendía a la perfección porque, en efecto, cerré los ojos. No supe cuál de los dos depositó un beso pequeño, un beso más bien efímero, sobre la frente. Tampoco supe quién fue el que me tocó los labios.

Esa noche soñé otra vez con los monociclistas que llegaban a través de un jardín de árboles frutales en largas limusinas negras. Como si no hubiera pasado el tiempo, pensé de nueva cuenta que tenían su encanto. Los veía y no dejaba de sonreír: una serenata que era solamente una coreografía. Los monociclistas se movían de un lado a otro con extraña presteza, desarrollando un plan preconcebido con arabescos exactos. De cuando en cuando alzaban los brazos. Reían. Supuse que el sueño me provocaba movimientos súbitos, sobresaltos, porque, aunque soñaba con los monociclistas, alcancé a oírlos. Sus murmullos no cesaban ni siquiera en lo más profundo de la noche. Algo susurraban sobre la cama alta. Incluso así, en susurros, parecían pelear. Era obvio que no estaban de acuerdo sobre el tema de su conversación. Uno enfatizaba algo que el otro se encargaba de negar con el tono mismo de la voz. Uno se burlaba mientras otro afirmaba algo con una vehemencia cada vez mayor. Al final, ella se rindió. Un chasquido. Un puchero. El inicio del llanto. Los sollozos cada vez más apagados.

El cuarto donde estaba se sentía caliente con el calor de los cuerpos dormidos. Allá afuera aclaraba el día. *El día desbarataba las sombras. Las deshacía. A través de los párpados me llegaba el albor del amanecer. Sentía la luz.* Cuando desperté ya los dos estaban alrededor de la mesa tomando algo caliente de un par de jarros. Seguían desnudos y hablaban. No paraban de hablar. Hablaban en el mismo tono en que lo habían hecho a lo largo de la noche. Supuse que parte de su charla se refería al extraño huésped en que me había convertido porque, en cuanto se dieron cuenta de que había abierto los ojos, vinieron a saludarme. Me ayudaron a incorporarme, jalándome cada uno de un brazo. Me alisaron el pelo enmarañado. Sacudieron mis ropas. Ahora fue el hombre el que me dirigió a la parte de la casa que no tenía techo e, invitándome a que permaneciera inclinada sobre un recipiente de agua fría, me lavó la cara. Me lavó las manos. Cuando estuve lista, me tomó del codo y me regresó a mi lugar alrededor de la mesa.

—Esta mesa es una puerta —dije, sabiendo que no me entenderían, confirmando lo obvio. Irritada. Tenía que salir de ahí pero no sabía cómo. Ellos no parecían lo suficientemente fuertes como para detenerme, pero justo como el día anterior yo no sólo me sentía débil sino también pesada. Algo me ataba al asiento de la silla sobre la que descansaba. Algo brotaba de las plantas de mis pies. Algo me retenía ahí, junto a ese hombre y esa mujer. Miré el jarro de líquido caliente con desconfianza, y a ellos con suspicacia u odio. Luego, sabiéndome derrotada, miré por la abertura del techo: el cielo era igual a sí mismo. Las nubes, no más que un antifaz. ¿Qué se sentiría quedarse a vivir en ese sitio para siempre? La pregunta, por sí misma, me espantó. Traté de incorporarme de nueva cuenta pero, como había ocurrido con las anteriores, no pude. La mujer, de repente, se hincó frente a mí, colocando su frente sobre mis muslos. Por un momento imaginé que rezaba, pero sólo murmuraba algo incomprensible. *Sayula*, alcancé a reconocer esa palabra. *Contla*. Era evidente que trataba de comunicarme algo de cierta importancia. Me tomó de la mano y, como si me hubiera convertido en una inválida o una convaleciente, me llevó con gran lentitud a la cama de ocote junto al piso, y ahí me depositó. Me recargué contra la pared de adobe y abracé las piernas dobladas. Coloqué la barbilla sobre las rodillas. En esa posición observé cómo se fue vistiendo mientras continuaba con su perorata o confesión. Una falda de lana. Una camiseta blanca. Un abrigo largo. Una bufanda de colores. Un gorro. No supe cuánto tardó todo eso. Cuando hubo terminado parecía otra mujer. Alguien distinto. Tal vez lo era. Esa otra persona tomó un atado con sus pocas pertenencias y cruzó la misma puerta que, no hacía tanto, había tocado yo con cierto entusiasmo. La vi partir en silencio. Del otro lado de la puerta estaba la línea de montañas y, luego, la más remota lejanía. Me costó un esfuerzo enorme alzar una mano, decirle adiós. Inmediatamente después, caí otra vez sobre las sábanas raídas. Desplomarse es un verbo que nos parte en dos.

Supuse que caí dormida en el acto porque, al despertar, era ya de noche y yo no hacía otra cosa más que volver a contar el sueño de los monociclistas. Un cierto encanto, repetía esa frase y los veía. Los seguía viendo.

—*No volverá* —me interrumpió una voz masculina que venía de lejos—. *Se lo noté en los ojos. Estaba esperando que alguien viniera para irse* —aseguró con pesadumbre, con ira. ¿Tragaba saliva? Luego guardó silencio por un rato tan largo que pensé que se había quedado dormido. Pero él carraspeó un par de veces antes de continuar—: *Ahora tú te encargarás de cuidarme* —dijo.

Como antes bajo la niebla, no supe qué hacer. Iba a contestarle algo pero las palabras se me quedaban, pesadas, en el estómago, negándose a ascender. La boca. No hice otra cosa más que oírlo perpleja, en silencio.

—¿*O qué, no quieres cuidarme?* —preguntó, iracundo—. *Vente a dormir aquí conmigo.*

—*Aquí estoy bien* —le contesté, sintiendo bajo mi cabeza la textura de leño de la almohada. Todavía me alcanzó el tiempo para recordar las paredes de adobe del monasterio. La noria vacía. Los tordos a lo lejos. Todavía pude recordar los tantos años que había pasado allá afuera entre monociclistas, sonriendo.

—*Es mejor que te subas a la cama* —insistió—. *Allí te comerán las turicatas.*

Sus palabras no tenían sentido, eso era cierto. Pero cuando intenté voltear el torso para incorporarme, las vi: formaban una larga columna que avanzaba en sigilo pero sin tregua. Las hormigas son, a veces, un ejército en marcha. La palabra *pequeñísima*. El adverbio *lentamente*. Iba a gritar, pero me contuve a tiempo. Las parejas que han vivido cerca por mucho tiempo tienden a comportarse así, pensé.

Entonces fui y me acosté con él.

—Donis —dije, antes de abrazarlo. Antes de caer, dormida.

DOROTEO/DOROTEA

En falsete. Como si fueran mujeres las que cantan.

JUAN RULFO, *Pedro Páramo*

Hay un gran momento *queer* en la literatura mexicana y es éste. Se trata del fragmento número 35 de *Pedro Páramo*. Juan Preciado, el personaje que ha llegado acá, a Comala, buscando a su padre, acaba de morir, o de tener conciencia de su muerte, debido a la falta de aire provocada por la canícula de agosto o por el miedo.

"No había aire", explica el personaje principal en el fragmento 34. "Tuve que absorber el mismo aire que salía de mi boca, deteniéndolo con las manos antes de que se fuera. Lo sentía ir y venir, cada vez menos; hasta que se hizo tan delgado que se filtró entre mis dedos para siempre." Todo parece indicar que la explicación ha terminado pero después de un punto y aparte, emerge, certera, diríase que fulminante, la repetición: "Digo para siempre".

Así, justo después del espacio en blanco, en uno de esos múltiples cortes a través de los cuales la novela se aleja de desarrollos lineales o cronologías terrestres, surge casi de manera natural la voz que increpa la explicación proveída anteriormente.

"¿Quieres hacerme creer que te mató el ahogo, Juan Preciado?", interroga esa voz sin presentación alguna, en la primera línea del fragmento 35. Intempestivamente. Y, desde la sepultura, mientras abraza o es abrazado por otra presencia, Juan Preciado responde larga, sinuosamente, inmiscuyéndose de esa forma en un diálogo con innumerables consecuencias: "Tienes razón, Doroteo", murmura, titubeante, sólo para preguntar luego: "¿Dices que te llamas Doroteo?" "Da lo mismo", le responde la voz, aclarando apenas un minuto después: "Aunque mi nombre sea Dorotea. Pero da lo mismo".

Cuando ser Doroteo o Dorotea da lo mismo, justo ahí, Rulfo no sólo consigue cuestionar cualquier entendimiento fijo o sedentario de lo que es la identidad en general, sino que también trastoca, y aquí de manera fundamental, nociones perentorias u oficialistas de lo que es la identidad de género.[4] Que esa identidad sea inestable y fluida, como lo sugiere la mera posibilidad de que un personaje pueda ser una u otro, y que además esa posibilidad "dé lo mismo", no se debe, claro está, a posición ideológica alguna o a vanguardismos extemporáneos, sino que obedece a la naturaleza liminal del lugar donde sucede la novela así como al carácter fantasmagórico de todos sus personajes. El cuerpo sexuado de Dorotea puede ser Doroteo porque, después de todo, la voz le pertenece a un muerto o a un fantasma o a un espectro. Dorotea puede ser Doroteo porque el de ella es, sobre todo, un cuerpo infértil. Se trata, además, de un muerto tan insignificante, tan pequeño, que es en realidad "algo que no le estorba a nadie" y que, por lo tanto, cabe "muy bien en el hueco de los brazos [de Juan Preciado]" aunque, en característico movimiento oscilatorio, también se pregunte si no debería ser ella la que lo abrazara a él. Así, abrazados (¿abrasados?), en una cercanía que se antoja tan sexual como la compartida, no sin culpa, por Donis y su hermana, Doroteo/Dorotea y Juan Preciado platican desde la estrechez del sepulcro final sin preocuparse, o de plano transgrediendo, nociones terrenas de lo que debe ser un hombre o una mujer.

La denominación transgenérica que pone en entredicho la estricta diferenciación sexual, además, no se limita a un personaje de la novela de Rulfo. En "Anacleto Morones", uno de los 17 cuentos que componen *El llano en llamas,* una de las diez

[4] Ver también Sara Poot Herrera, "Pedro Páramo, un pañuelo con orillas de llorar", en *Pedro Páramo. Diálogos en contrapunto (1955-2005),* México, El Colegio de México/Fundación para las Letras Mexicanas, 2006, pp. 55-74.

mujeres que buscan a Lucas Lucatero para que dé fe de los milagros realizados por su suegro, el ahora denominado Niño Morones, es una "a la que le dicen Melquíades", un nombre de uso tradicionalmente masculino en México. Asimismo, Rulfo les ha otorgado a esas integrantes de la congregación del Niño Morones características más bien viriles: Francisca, por ejemplo, porta un bigote "de cuatro pelos" que, sin embargo, no impide que Lucatero la invite a "dormir con él" hacia el final de la jornada, ya cuando las otras mujeres han ido abandonando, en grupo o a solas, la casa de Lucatero. Desafiando o de plano burlándose del estereotipo de la beata, estas congregantes de inquebrantable fe religiosa son mujeres que saben distinguir bastante bien entre ser señoritas y ser solteras. Ante el asombro de Lucatero, quien dice no haber estado enterado de que la hija de Anastasio tuviera marido, la misma responde: "Soy soltera, pero tengo marido. Una cosa es ser señorita y otra cosa es ser soltera. Tú lo sabes. Y yo no soy señorita, pero soy soltera". Son mujeres, incluso, que han abortado: Nieves García, antigua amante de Lucatero, confiesa: "Lo tuve que tirar. Y no me hagas decir eso aquí delante de la gente. Pero para que te lo sepas: lo tuve que tirar. Era una cosa así como un pedazo de cecina. ¿Y para qué lo iba a querer yo, si su padre era un vaquetón?" Viejas y sin los encantos físicos de la feminidad convencional, redefiniendo los estados civiles en los que viven y describiendo la maternidad como una opción, las congregantes del Niño Morones se parecen mucho a las chicas modernas —esa figura a la vez amenazante y seductora que tanto asoló las mentes y los cuerpos de los habitantes del medio siglo en México—. Solteras, que no solteronas, las congregantes rulfianas no tienen tampoco empacho en admitir un conocimiento profundo de los placeres y los tormentos de la carne —lecciones que han aprendido, de ahí su devoción, del evangelio del pícaro de Anacleto Morones—. Tan bien lo han aprendido que, después de tener sexo con Lucatero, Francisca la de los bigotes no duda en expresar la comparación que ha hecho entre las habilidades sexuales del suegro y el yerno:

"Eres una calamidad, Lucas Lucatero. No eres nada cariñoso. ¿Sabes quién sí era amoroso con una?

"¿Quién?

"El Niño Anacleto. El sí que sabía hacer el amor".

Rulfo tampoco denegó la sexualidad polimorfa de los niños o de los locos. En *Macario*, el cuento que le dedicó a Clara, su esposa, y el único que incluye, de hecho, una dedicatoria, Rulfo crea la voz de un niño o un adolescente presuntamente afectado de sus capacidades mentales que, además de padecer de un hambre constante y un claro temor al infierno, describe con detallada pericia sus encuentros íntimos con Felipa, una mujer de la que se conoce su nombre, pero de la que se desconoce su relación de parentesco. Felipa, en todo caso, no es la madrina a quien Macario teme y respeta, sobre todo porque ella "es la que saca el dinero de su bolsa para que Felipa compre todo lo de la comedera". Felipa es, sobre todo, sus pechos, de donde mana una leche con sabor a las flores de obelisco. Felipa, además, va en las noches al cuarto de Macario y ahí se le arrima, "acostándose encima de [él] o echándose a un ladito". La imagen es, por supuesto, maternal y erótica a la vez. Perturbadora. Oscilante.

Atrapados en el umbral entre la vida y la muerte, entre lo posible y lo permitido, la sexualidad rulfiana se despliega en modos y prácticas polimorfos. Acaso por eso mismo el Adán y Eva edénicos devienen, en los terrenos de *Pedro Páramo*, un par de hermanos incestuosos que Juan Preciado, el hijo que busca a su padre, encuentra dentro de una casa con "el techo en el suelo" cuando, a causa de las muchas cosas que le han pasado y que no entiende, sólo alcanza a tener deseos de dormir. Los hermanos ya duermen completamente desnudos sobre sus raquíticos lechos y, por ello, lo conminan a recostarse. Así, luego de un sueño intranquilo por el cual han atravesado las voces disgustadas de los hermanos, Juan Preciado despierta:

"¿Adónde se fue su marido?

No es mi marido. Es mi hermano; aunque él no quiere que se sepa".

Por boca de ella, uno de los poquísimos personajes sin nombre en la novela y la obra de Rulfo, el recién llegado se entera de la relación pecaminosa que, según la mujer, le ha dejado el rostro lleno de "manchas moradas como de jiote". Por ella también llega a sus oídos la confesión que el obispo no pudo perdonar: "Yo le quise decir que la vida nos había juntado, acorralándonos y puesto uno junto al otro. Estábamos tan solos aquí, que los únicos éramos nosotros. Y de algún modo había que poblar el pueblo. Tal vez tenga ya a quién confirmar cuando regrese".

Con culpa pero sin arrepentimiento, la innombrable justifica así el incesto. Si la causa ha sido la soledad que acorrala, el resultado será la supervivencia de una comunidad que, de otra manera, no podrá sino ser una caja de espectros. El futuro de Comala pende así de la sexualidad no normativa y liminal que domina ya sus lechos.

Si por *queer* se entiende el tipo de teoría que no sólo enfatiza la naturaleza social, y por lo tanto relacional, de las identidades de género sino que también, acaso sobre todo, explora las conductas sexuales que cuestionan tales definiciones, trastocándolas o, de plano, redefiniéndolas, el texto rulfiano es, de entrada, un texto *queer*. Ya en la Comala llena de espectros o ya en el llano, los personajes rulfianos responden apenas, y eso con trabajos, a los llamados de la masculinidad y la feminidad dominantes, comportándose, en cambio, con el desparpajo o la determinación de quien se sabe singular y complejo y problemático. Los momentos de intermitencia genérica que aparecen y desaparecen, sólo para volver a aparecer, en el texto rulfiano, propician, sin duda, una lectura alternativa de los cuerpos de la modernidad mexicana desde uno de sus textos fundadores.

me contestó el eco:

"¡...ana... neros...!

¡...ana... neros!"

El estrecho ataúd

;

Meses después, recordaría las dos preguntas: "¿No sientes el golpetear de la lluvia?" y luego, como un eco en súbita retirada, aquella otra interrogante acerca de la ilusión: "¿La ilusión?", había enunciado a manera de duda. "Eso cuesta caro. A mí me costó vivir más de lo debido."

Un acto privado entre dos personas: abrir un paraguas, cruzar una calle, cerrar la puerta de un taxi. Esto al inicio.

Un acto privado entre dos personas: quitarse la ropa, morder un pezón, lamer una espalda, gemir. Esto en medio.

Aquí, dentro de esta página, debe existir un hombre que muerde el pezón de una mujer. Y debe estar aquí también la mujer, gimiendo, boca arriba. Dentro del pabellón de su oreja y, luego, dentro del túnel del oído, las palabras: me haces daño. En efecto, la mujer gime dentro de esta página y repite las palabras: me haces daño. Es ella. Y es él quien, sin dejar de succionar los pezones alternativamente, sin dejar de caer con todo el peso de sus palmas abiertas sobre las palmas abiertas de la mujer, se coloca entre sus piernas.

—¿Que te hago qué? —le murmura al oído, los cabellos enredados entre la saliva. La respiración.

—Daño —balbucea ella, moviéndose a su ritmo, entregándole su pecho. Las rodillas erguidas.

Un acto privado entre dos personas: las palabras que se intercambian en voz muy baja dentro de un taxi. Las gotas de lluvia. El lento quehacer de los limpiaparabrisas. Las yemas de los dedos de una mano sobre la piel blanquísima del dorso de otra mano. Esto al final.

;

Tú sabes cómo hablan de raro allá arriba; pero se les entiende.

;
Habían hablado de sus sueños, naturalmente. Al cruzar la calle, apenas unos segundos después de abrir el paraguas, mencionaron, entre otras, la sensación de mantenerse en el aire sin ningún punto de apoyo.

—¿Te gusta eso? —masculló él, mientras la tomaba por el codo. Un leve jalón. El ruido del tráfico—. ¿Te gusta levitar?

—La sensación de levitar —lo corrigió ella, volviéndose a ver las luces de los coches que les pasaban de cerca. Salpicar. Chapotear. Remojar.

No les gustaba volar en sueños, eso les quedó claro muy pronto. De eso hablaron incluso antes de salir de la habitación llena de gente cuando, luego de escuchar la conversación de otros, se toparon haciendo el mismo gesto: los ojos hacia el techo. La búsqueda infructuosa de algo más. Éstas son tus manos, y tiemblan. El ruido de los pasos y las voces y las copas alrededor. En los sueños que se contaron mientras entretenían un líquido dorado en un par de vasos largos había ciudades sin nombre, cuerpos desnudos, cables de teléfono, historias sin principio ni fin. Éstas son tus pestañas, abriéndose y cerrándose a la luz. Había, en esos sueños, colores que nunca habían visto en ningún otro lugar.

—Mira —uno de los dos había murmurado eso antes de dirigir los ojos hacia la puerta.

2. f. *Med.* Sensación de mantenerse en el aire sin ningún punto de apoyo.

Lo insoportable de la sensación de volar era la distancia que se establecía con el suelo, en eso estuvieron de acuerdo tan pronto como uno de los dos lo mencionó. La velocidad del deslizamiento. La mirada abarcativa a la que, por definición, no se le escapaba nada. Él abría el paraguas y, al mismo tiempo, mientras su pie derecho bajaba de la banqueta y se extendía sobre el pavimento de una calle salpicada por las gotas de lluvia, aseguraba que volar era una acción demencial. Antes de esperar respuesta, abría ya la puerta del automóvil y, sin preguntar, daba indicaciones. Cuando pasó el brazo por encima de los hombros de la mujer mencionó la palabra *levitar* por primera vez.

—Un poco como esto, ¿no crees? —había dicho.

—¿Como qué? —le había contestado ella, volviéndose a verlo, enfrentando su rostro. Los pequeños vellos blancos, hirsutos, de la barba. El nacimiento de la comisura.

—Como un abrazo.

—Eso —murmuró ella volviendo el rostro hacia la ventanilla. El gesto detrás de las gotas de agua. A través.

;

El sueño bendito:

Nací en una ciudad de espaldas al mar. Nací en una clínica que se convirtió en el Instituto Italiano de Cultura. Nací, que no es poco.

Fui un niño frágil. El pediatra se convirtió en uno más de la familia. El exceso de protección debilita las defensas.

Años más tarde recordaría esta época en contrapicado. Un hombre, el pediatra, y una mujer, mi mamá, acercándose amenazantes a mi cama.

Es la clave la infancia, leería años después. La clave, según le explican hoy, es su hermana menor. El complejo de Edipo es con ella, afirman.

Recuerdo a mi abuela acompañándome a la escuela.

Recuerdo mirar el paisaje desde el autobús. Recuerdo una ciudad sin guiris.

Siempre detesté la natación. La piscina del colegio era para mí una sala de torturas. No me sentía bien en el agua.

Un día me bajé los pantalones en el baño. Mis compañeros de clase se rieron mucho. Todos menos un chico venezolano recién llegado de su país.

A la edad de ocho años un profesor se rio de mis ojazos. Así los llamó. Las gafas que llevaba entonces los hacían aún más grandes. Ojazos.

Un día hice la primera comunión. Recuerdo que mi padre me tomó unas fotos. Recuerdo que comimos en un restaurante, al lado del mar.

;

Abrieron el rectángulo de la puerta y, desde el umbral, observaron el rectángulo de la cama y, sobre una mesa rectangular, el rectángulo de una página. La sonrisa es una forma de llegar. Se desnudaban como si estuvieran a punto de entrar en uno de los muchos sueños de los cuales habían hablado. Los benditos. Los malditos. No caminaban ni volaban ni se deslizaban sobre el suelo: levitaban. Tan pronto como se quedaron sin ropa, él colocó una mano entre los muslos de la mujer y, aún de pie, palpó los pliegues de su sexo. Su espalda contra la pared. El latir de las sienes. Sus dedos identificaron el clítoris pero siguieron adelante, abriéndose paso entre los racimos de carne, hacia el interior. La otra mano la dejó sobre el hombro derecho, muy cerca del cuello; utilizaba desde ahí el dedo pulgar para mantener su barbilla erguida, la mirada sobre él. Mírame caer. Afuera, sin duda, seguía lloviendo. Hay un momento en todo sueño en que la respiración se agita. Un niño frágil. El día de la primera comunión. Cuando ella empezó a separar las piernas y a acompañar con su propia mano la mano masculina, el hombre la empujó hacia la cama que, estrecha, apenas si ocupaba espacio a su lado.

Ya ves, ni siquiera le robé espacio a la tierra.

En lugar de yacer sobre su espalda, la mujer se dio la media vuelta. Flexionó las rodillas. Elevó su cadera. Se separó las nalgas. Él sonrió por un momento. Luego dudó. Al final optó por voltearla boca arriba y colocar su cabeza entre los muslos mientras inmovilizaba su cadera con ambas manos. Los pulgares justo sobre las crestas de Ilión. La saboreaba y la mantenía bajo su poder al mismo tiempo. Tragarse un cuerpo. Beberse un cuerpo. No la dejó decidir con libertad el ritmo del vaivén propio sino hasta que estuvo seguro de su sabor. Sabía a noches de desvelo, a viajes largos, a ajenjo. Eso dijo después: sabes a noches de desvelo, a viajes largos, a ajenjo. Cuando todo eso quedó en su lengua, elevó la cabeza y, besando el torso y mordiendo los senos, llegó hasta la boca. Las manos sobre los hombros una vez más. La besó con todo el sabor a cuestas. Introdujo su lengua en la boca de la mujer y revolvió la maraña de sus cabellos. Le susurró palabras al oído como si fuera necesario susurrar, como si alguien más pudiera oírlos. Dijo: esto es levitar conmigo. Dijo: ábrete sésamo. A los ojos muy abiertos con frecuencia se les llama ojazos. Ella se estiró. Las puntas de sus dedos llegaron a tocar la pared rugosa; sus pies alcanzaron el borde de la cama. Dijo: esto es un juguete. Dijo: esto es un ataúd. Dijo: hombro o hambre, da lo mismo. Cuando quiso darse la vuelta y encaramarse sobre la cadera masculina, ambos cayeron fuera del rectángulo de las sábanas. La risa es una forma de reír.

Me enterraron en la misma sepultura y cupe muy bien en el hueco de tus brazos.

La primera penetración ocurrió así: las caderas de ella en el vilo del lecho; él hincado frente a su sexo. Ella elevó las piernas y sostuvo sus pantorrillas sobre los hombros masculinos; él pellizcó sus pezones. Ver es a veces ver a través de un microscopio. El vaivén de los cuerpos produjo un rechinido. Crujir. Crepitar. Romper. El ruido del destrozo.

—Abre los ojos —le dijo o le ordenó. Como ella no se decidiera a hacerlo, optó por salirse de su sexo y regresar al espacio del colchón. Miró el techo. Trató de juntar su respiración. Ella lo lamió entonces, con furia. Quería estar segura de su sabor. Lamió el cuello y el torso y el vientre. Lamió los labios. Lamió su codo, su antebrazo, los dedos de su mano. Sus uñas. Se introdujo el pene erecto en la boca. Lo lamió, suavemente. Tragarse un cuerpo. Beberse un cuerpo. Él entonces la jaló de las axilas hacia arriba, hacia su rostro. Mírame caer. No quería que lo perdiera de vista. Montada sobre él, colocando de nueva cuenta el pene dentro de sí, la mujer abrió finalmente los ojos. Y lo vio.

;

Y todo fue culpa de un maldito sueño. He tenido dos: a uno de ellos lo llamo el "bendito" y al otro el "maldito".

;

Dorotea o Doroteo da lo mismo dice: (12:38:44)
Dos animales chocando frente a frente: dos cabras o borregos cimarrones o toros.

Dorotea o Doroteo da lo mismo dice: (12:38:58)
El forcejeo duró poco.

Dorotea o Doroteo da lo mismo dice: (12:39:09)
Las lágrimas fueron derramadas por los dos.

Dorotea o Doroteo da lo mismo dice: (12:39:41)
Entendieron, en un parque, lo que perdían.

Dorotea o Doroteo da lo mismo dice: (12:40:41)
Entendieron, en un parque, bajo una jacaranda, lo que perdieron.

Dorotea o Doroteo da lo mismo dice: (12:44:14)
Las esquinas se prestan para partir en rumbos distintos.

Dorotea o Doroteo da lo mismo dice: (12:46:41)
El brazo que atraviesa la superficie de la mesa. La mano que descansa sobre la piel del cuello. Ese momento.

Dorotea o Doroteo da lo mismo dice: (12:50:28)
La rueda de la fortuna o del infortunio.

Dorotea o Doroteo da lo mismo dice: (12:51:06)
El movimiento circular.

Dorotea o Doroteo da lo mismo dice: (12:53:46)
Aparecieron, entonces, los hijos que nunca tendríamos.

Dorotea o Doroteo da lo mismo dice: (12:54:01)
Aparecieron los hijos que aplacaron el corazón.

Dorotea o Doroteo da lo mismo dice: (12:54:24)
Una mujer montada sobre un hombre. Los ojos abiertos atados alados. El momento de la eyaculación.

;
Ése fue el sueño "maldito" que tuve y del cual saqué la aclaración de que nunca había tenido ningún hijo.

;
—Mírame —insistió—. Mírame caer.
La mujer insistía, en cambio, en cerrar los ojos. La larga extensión de los párpados. El tremor de las pestañas. Un movimiento brusco de su cadera la dejó una vez más fuera del estrecho perímetro de la cama. La risa. Él la alcanzó en el piso. Una pierna sobre el colchón, la otra sobre la duela de madera. Toda una ciudad a través de la ventanilla de un autobús. El pediatra. Los pantalones que caen. Él se sentó en cuclillas entre las piernas tan cómicamente separadas. Los dedos pulgares sobre las crestas de Ilión. La atracción. La repulsión. Cuando regresaron a la cama, él acomodó su propio cuerpo sobre ella y, con el pulgar e índice de cada mano, apretó los pezones. Luego los besó. Luego volvió a apretarlos. Movimiento circular. La rueda del infortunio.

—Me haces daño —balbuceó ella.

—¿Que te hago qué? —dijo él, resoplando dentro de su oído, penetrándola una vez más. El movimiento ascendente y descendente sobre su cuerpo. El latir de las sienes. Una contrapicada.

—Daño —repitió ella—. Sonriendo.

;

Aquí en este rincón donde me tienes ahora. Sólo se me ocurre ser yo la que te tuviera abrazado a ti. ¿Oyes? Allá afuera está lloviendo. ¿No sientes el golpear de la lluvia?

;

Eso cuesta caro. El golpetear de la lluvia. La ilusión. Un acto privado entre dos personas. En el aire sin ningún punto de apoyo: esa sensación.

V

LUVINITAS

como que se van

                               las voces

como que se pierde

                                 su ruido

                         como que

Abejones (S. Miguel): cab. de mun. zapoteco "Berung-ni", nombre de un abejorro. Topografía bastante accidentada, no disponiendo ni de una hectárea de tierra llana. Forma parte de la Sierra de [...] cumbres que alcanzan alturas hasta de 3000 mts. Sus tierras, en las orillas del río Grande, se hallan a 1100 mts. de alt., donde crecen arbustos propios de climas cálidos secos. En el área media se desarrolla el encino amarillo y las alturas están cubiertas con montes de ocote y encino. Terrenos en lo general malos, se componen de arcillas amarillas y blancas, areniscas con yacimientos de yeso. Rocas en lo general calcáreas. Montañas secas donde no existen yacimientos de agua. Limita con Atlatlahuaca, Aloapan, Yareni, Aualco, Atepec, Luvina y Macuiltianguis. El poblado está asentado en una ladera, tan inclinada que una piedra rodada puede llegar hasta el río Grande por su parte oriental. Tiene la particularidad de recibir desde el amanecer los rayos del sol. Carente de agua, en el estiaje se la disputan con el ganado. Habs.: (783). Distancias: Oaxaca, 60 k., Santa Ana Yareni, 11. Al paso del río Grande (en dirección a Aualco, 9 k., al carrizal rumbo a la Chiuautla, 16 k., Atlatlahuaca, 16, Abjura: 2305 mts.). Sus caminos son veredas, algunas de ellas intransitables en tiempos de lluvias: Pueblo pobre, con casas de adobe y techo de tejamanil. P. municipal, escuela y templo en pésimas condiciones. Sus act. son la agric. en pequeña escala.[1]

---

[1] Transcrito con base en manuscrito en Alberto Vidal, *Noticias de Juan Rulfo (1784-2003)*, México, MMIV, 2003, p. 133.

Planeta Luvina

Vamos sobre la carretera. Vamos sobre un asiento que está sobre un motor que hace ruido. Vamos sobre cuatro llantas hechas de caucho; vamos sobre cuatro cilindros. Inmóviles vamos. Los pies lejos del suelo, así vamos. Sentados. Silenciosos. La mirada en el más allá, colgada del horizonte. Hemos dejado los grandes asentamientos urbanos atrás. El bullicio. Los anuncios. Hemos dejado incluso los pueblos atrás. Estamos en el atrás. En la dirección contraria, vamos. Hacia el verde del verano. Vamos por donde el encino amarillo. Por donde el ocote. Hemos planeado este viaje por un año entero, tal vez más. Lo hemos deseado como se desean a veces los cuerpos. Y ahora vamos en la carretera. Estamos en ella. Entre los arbustos propios de los climas cálidos secos vamos bajo la lluvia. Los ojos abiertos. La respiración acompasada.

USTED ESTÁ AQUÍ.

La primera persona del plural, eso somos aquí, mientras vamos. *Un complejo montaje de centellas sígnicas.* Lo que atraviesa. Lo que hace ruido. Lo que no se fusiona. Vamos sobre la carretera, sí. La roca calcárea a los lados del camino.

GUELATAO 15 KM.

Yo lo que quiero decirle al señor Rulfo, dice la mujer que organiza el grupo de lectura de la Biblia, es que no todo aquí es tristeza. Su nombre es Reyna. Reynalda, al inicio, y Reyna después. Guarda silencio un momento. Guarda silencio y se arregla el cabello entrecano mientras mira hacia el altar de la modesta iglesia donde nos encontramos. Ha habido tiempos difíciles, claro, añade. Siempre los hay. ¿Pero no decía él en el cuento ese que escribió sobre nosotros que nadie aquí sabe sonreír?

Y, por toda respuesta, Reyna esboza una sonrisa que parte del mero intento pero pronto se convierte en complicidad. Reynalda Felipa Bautista, 1962.

Es cierto que, en zapoteco, *Luvina* quiere decir "raíz de la miseria" o "raíz de la escasez", pero no todos aquí pensamos así, dice una de las mujeres que se encuentran en la banca de atrás antes de pasarle una Biblia gruesa, cubierta de tapas negras, a su vecina de al lado. También tiene que ver con la luna. Con la manera en que la luz de la luna cae sobre el peñasco. ¿Lo vio anoche?

Hemos llegado apenas esta mañana a San Juan Luvina, Oaxaca. Hemos avanzado con mucha cautela por carreteras angostas, plagadas de agujeros y curvas, por donde sólo aparecen, y eso de vez en cuando, camiones de redilas llenos de hombres o tráilers cargados de madera. *Pick-ups* oscuras. Hemos pasado por un llano de flores y, apenas saliendo de una de las curvas más cerradas de la sierra Juárez, nos hemos detenido frente al Dragón Rojo, un restaurante de comida china que ofrece servicio a domicilio. ¿El número de celular anotado en letras rojas? Sí. Todo esto en el centro del bosque; sobre un abismo. Hemos visto las nubes abigarradas y enormes justo en un cielo muy azul, y hemos dicho tantas veces: ¡mira! Hemos dejado atrás la laguna de Guelatao, que está encantada. Hemos comprado, y hemos comido ya, el queso fresco, envuelto en hojas de maíz, que ofrecía una mujer con un delantal de grandes flores a la orilla de la carretera. Hemos visto el letrero: San Juan Luvina 14. Y, habiendo comprendido que estábamos cerca, hemos bajado la velocidad. Temerosos. Obnubilados. ¿Estamos seguros de que queremos continuar hasta llegar al lugar que Juan Rulfo visitó muchos años atrás y con base en el cual escribió uno de sus cuentos más memorables: "Luvina"? Hemos estado y estamos seguros, sí.

No siempre estuvo aquí, dice la más anciana de las mujeres. Hubo dos Luvinas antes. Allá, dice, señalando un punto indeterminado detrás de la montaña. El cielo muy alto. Las nubes, a lo lejos. En la Luvina vieja sí se moría todo, especialmente los niños. No se les daban. Nunca lograron que se les dieran. Por eso se vinieron para acá.

Y la tierra es empinada. Se desgaja por todos lados en barrancas hondas, de un fondo que se pierde de tan lejano. Dicen los de Luvina que de aquellas barrancas suben los sueños; pero yo lo único que vi subir fue el viento, en tremolina, como si allá abajo lo hubieran encañonado en tubos de carrizo.

Hemos leído con atención los signos: Inicio de camino sinuoso. Hemos tomado veredas terrizas que bajan y bajan, y bajan aún más, y ya dentro del bosque, hemos extraviado la ruta. Hemos reconocido los pinos, los oyameles, los encinos. Nos hemos preguntado por el nombre de esas flores rojas, aquellas azules, estas amarillas y blancas. Hemos visto, como una aparición, un pequeño anuncio de madera rematado por una flecha roja: San Juan Luvina. Éstos son los restos de una fogata. Alguien abandonó un atajo de leña. ¿Es eso el ruido de un arroyo o de una cascada?

La papelera les dio trabajo a los hombres por algún tiempo, pero nada era nuestro, dice otra de las mujeres todavía dentro de la iglesia. Se llevaban todo y querían hacernos sentir que estaban de nuestro lado. De entonces datan las escuelas, eso sí. Pero ahora la cosa es distinta. Todo eso está en manos de la comunidad. A veces vienen los especialistas de Chapingo para indicarnos cuándo o dónde va la reforestación. ¿Vieron los árboles nuevos?

Hemos regresado a la carretera y, casi sin querer, hemos encontrado de nueva cuenta el camino correcto. Le hemos preguntado al arriero que comanda dos burros si eso de allá, eso que se ve al final del monte, es Luvina. Sí, eso es, ha dicho. Y se ha seguido de largo. Nos hemos detenido para recoger los pedazos de piedra de algo que parece ser o haber sido una cuesta a punto de quebrarse. Al acercarnos a la puerta de alambre que separa a Luvina de todo lo demás, otro arriero nos ha hecho el favor de mantenerla abierta y retirar el ganado al mismo tiempo. Hemos dado las gracias, sonriendo. Sin saber. Hemos visto, entre un campo de cultivo y la vegetación propia de la sierra, las ramas de los duraznos cargados de flores. Hemos preguntado: ¿Qué país es éste, Agripina?

Se dan los duraznos, sí, dice una mujer que ha estado callada casi todo el tiempo. Los árboles de durazno, aclara. Los árboles de manzana. Las nochebuenas. Hay limonares. Calabazas. Maíz. ¿Vio ya mis geranios?

Hemos comido la mitad de un pollo asado que unos vendedores errantes ofrecían frente al Palacio Municipal. Nos hemos quejado del sol excesivo, del calor, pero hemos celebrado la dulzura de las cebollas, la consistencia de la tortilla de maíz, el arroz. Hemos sido testigos de cómo utilizan una *laptop* para mostrarle al único comprador potencial el sonido de algunos de los discos. Nos hemos enterado de que, en el pueblo contiguo, hay partido de basquetbol y que mañana hay jaripeo en honor de San Pablo. Hemos divisado, a lo lejos, la figura menguante del loco del lugar. Su rostro, su espectral ternura, su no saber dónde exactamente está. Y, luego de dar unos pasos, hemos llegado a la iglesia. Ahí, poco a poco, se han ido congregando las mujeres que, al contrario de la Agripina original, no se alzan de hombros ante la curiosidad. ¿En qué país estamos? En uno injusto, es cierto; pero en uno nuestro.

Al emprender el camino de regreso lo hemos comprobado en riguroso silencio: la luz de la luna sobre la cuesta de la piedra cruda. No hay palabras para describir eso. Piedraluna, en efecto. Piedraluna, con toda seguridad.

LOO–UBINA

Al decir de las autoridades, las acciones de la Comisión del Papaloapan generaron resultados casi de manera inmediata en toda la cuenca. La presa Miguel Alemán fue utilizada para generar energía eléctrica, por ejemplo. La comisión desempeñó un papel relevante en la construcción del ingenio Tres Valles, el molino de arroz de Piedras Negras y, para 1954, la formación, con capital privado y estatal, de la Fábrica de Papel Tuxtepec. Aunque se puso en venta desde 1998, la fábrica no cerró sus puertas sino hasta 2007, luego de litigios y confrontaciones laborales de peso. La Fábrica de Papel explotó por años los bosques que rodeaban San Juan Luvina, el pueblo en el municipio de San Pablo Macuiltianguis, en la sierra Juárez, acerca del cual Juan Rulfo, escritor galardonado con el Premio Nacional de Literatura y empleado del gobierno, escribió páginas memorables.

En el informe dirigido a Margaret Shedd, fundadora del Centro Mexicano de Escritores cuya beca lo mantuvo durante dos años, Rulfo aseguraba que Loovina, el título original del cuento era, en efecto, San Juan Luvina, en la sierra Juárez de Oaxaca. No aclara cuándo estuvo ahí exactamente, pero juzgando por las fechas de publicación, esto tuvo que haber acontecido mientras Rulfo era todavía agente de ventas de la compañía llantera Goodrich-Euzkadi, cuando su empleo lo llevó a la zona de Ixtlán de Juárez y definitivamente antes de convertirse en asesor de la Comisión del Papaloapan. Pero fue mientras trabajaba ahí que, de acuerdo con Sergio López Mena en "Juan Rulfo y el mundo indígena", Rulfo escribió un dictamen muy positivo para la publicación de *La sierra Juárez*, de Rosendo Pérez García. Rulfo dijo:

Los interesantes pormenores que en ella se tratan hacen absorbente su lectura, dando una viva imagen de lo que es la sierra y sus moradores, además de estar escrita en forma didáctica y sencilla [...] Por todos conceptos, sería conveniente que la Comisión del Papaloapan auspiciara la publicación de esta interesante monografía, ya que como documento de consulta o de conocimiento histórico y geográfico resulta positivamente útil, y quizá no superada por ninguna otra obra de esta índole en la región estudiada.[2]

El uso compartido del nombre *Loovina*, título original del cuento y vocablo que Pérez García utiliza para explicar el significado del mismo, constituye un lazo más entre estas dos escrituras. Dice Pérez García: "En el zapoteco de hoy se puede afirmar que *Luvina* es corrupción de la frase *loo-ubina*, en que la primera sílaba significa 'sobre' o 'cara'; la segunda 'pobreza' que raya en la miseria, lo que juntando la significación sería sobre la miseria, atributo que sí corresponde a la situación constante de esta gente".[3]

Luvina, pues, remite a esa raíz de la miseria o de la escasez. En el cuento, un recaudador de rentas del Estado que va hacia Luvina, y que jamás llega a ella, escucha el monólogo del maestro rural que, convertido ya "en un borracho característico de los pueblos olvidados", relata su desgracia personal, su desgaste físico y moral, su próxima y completa ruina como habitante de esa Luvina donde las plantas parecen agarrarse apenas a la tierra y la cerveza tibia en realidad sabe a "miados de burro". Aseguraba Rulfo en su informe de becario: "El profesor representa la conciencia del recaudador quien va por primera vez a Loovina, y por consiguiente obra como muchos hemos obrado en estos casos: imagina el lugar a su manera, ya que lo desconocido, en ocasiones, violenta la imaginación, y crea figuras y situaciones que podrán no existir jamás".

No hay bosques alrededor de Luvina en el cuento, sino aire. Sólo aire y sequedad. Silencio. Luvina es, al decir del profesor rural que se embriaga para sentir esa sensación alcanforada en la cabeza, el lugar donde anida la tristeza.

[2] Sergio López Mena, "Rulfo y el mundo indígena", *Fragmentos*, núm. 23, 2002, p. 105.
[3] *Ibid.*, p. 106.

Ahí es donde Agripina, su esposa, alguna vez se alzó de hombros para responder a su pregunta desesperada: "¿En qué país estamos, Agripina?". De ese mismo lugar salieron, por años enteros y al decir de los habitantes de la Luvina de hoy, los trabajadores que dieron vida a la Fábrica de Papel. Y ahí siguen ahora, ya que la zona boscosa ha regresado al control comunitario luego de luchas frontales y de resistencias alimentadas por tradiciones del pasado.

LUVINA EN STONER PARK

El convento que la dicha orden tiene en esa Ciudad México, no se ha acabado que dizque está por acabar en él la capilla y sacristía e que así mismo están por acabar de edificar dos conventos de la dicha orden que están comenzados, uno en la ciudad de Los Ángeles y otro en Guaxaca [...] Mi voluntad es de les hacer merced e limosna de tres mil y seiscientos pesos de oros de minas en seis años, para que cada uno dellos se gasten los seiscientos pesos en las cosas susodichas que más necesidad huvieren.

EL VIRREY ANTONIO DE MENDOZA,
carta al rey Carlos, de 1546

Hay un conejo que camina erecto sobre dos patas y viste un saco azul de amplias solapas. Está Hugo Chávez, sonriendo. Gene Simmons todavía tiene la lengua de fuera, rojísima, y el cabello largo. Hay lobos bípedos; hay luchadores que bien podrían ser demonios de largas cabelleras anaranjadas. Los changos extienden las manos y nos saludan de lejos. Esa persona de falda floreada y zapatos de minero, ¿es una mujer o es un hombre o es ambos? Todos caminan calle abajo en una procesión festiva y lenta. Todos avanzan hacia, ¿hacia dónde? Luvina siempre tiene un as bajo la manga.

Nos cuesta trabajo pensar que estamos en medio de una celebración. Nos lleva tiempo llegar a la conclusión de que no estamos ante una alucinación personal o un colectivo momento de locura, sino frente a la realidad. Esto: la fiesta. Esto: el carnaval. Se trata, claro está, de la realidad pactada, siempre en entredicho, de la fiesta. Hay un guion atrás de todo esto. ¿Dónde? No lo sabemos. ¿Desde cuándo? Desde mucho atrás, eso es lo único que admitirán los que participan. Cada paso, cada interacción, cada movimiento ha sido imaginado con anterioridad y ha sido trazado con todo cuidado y por muchas manos juntas sobre una delgada hoja de tiempo. Por los siglos de los siglos: entender esa frase. Como todo guion, ya lo decía Adorno, éste también es "un sistema de prescripciones para su posible reproducción y nada en 'sí mismo'".[4] Pero esa mera posibilidad de presentarse en vivo, de vivirse en vivo, más que una reproducción es una resucitación. En efecto, San Juan Luvina, que está vivo, ahora mismo resucita. Hasta tu muerte, amén.

Hay un cervatillo sobre la maleza. Y, cerca del cervatillo de suntuosa piel oscura, un conejo. Y por encima de los dos, sobre la rama de un árbol, un búho. Todo tiembla. El verde que los rodea, húmedo y denso, tiembla. El cervatillo que a punto está, pero todavía no puede levantarse, tiembla. El encuadre, que nos permite ver lo que aparenta ser una escena natural como si fuera una escena primigenia, tiembla. Estamos, y eso lo sabemos incluso los que no lo sabemos, frente a la primera imagen de *Bambi,* la famosa película de Disney que a tantos ha hecho llorar, pero intervenida y reinterpretada. A medida que el cervatillo se levanta y, con torpeza primero y ya después con curiosidad, avanza, tenemos que constatar lo cerca que están, lo cerca que estamos todos, de un asentamiento humano. A través de un túnel

[4] Theodor W. Adorno, *Current of Music: Elements of a Radio Theory,* Robert Hullot-Kentor (ed.), Cambridge, Polity, 2009, p. 89.

enmarcado por ramas es posible avizorar, allá, del otro lado, una hilera de casas: iguales, uniformes, blancas. A los caminos cubiertos de pavimento se les llama calles. Un suburbio es, en efecto, una zona de transición entre la naturaleza y la ciudad. Por eso el venado cola blanca recién nacido es a la vez un elemento congruente y uno fuera de lugar en medio de la sala de esa casa todavía vacía, pero a punto ya de ser terminada. Pierre Huyghe está tramando en algún lado el documento que pronto se convertirá en una promesa: hay que celebrar, hay que organizar algo de manera milimétrica para que, cada año ese día, se repita la celebración. Hay que fraguar las escenografías, los discursos e, incluso, las reglas, para que esto que está a punto de suceder pueda suceder una y otra vez.

Y esto es lo que sucede: hay autobuses de estudiantes y ambulancias y carros de policía bajando por las calles. Hay humanos vestidos de animales que caminan o aplauden a otros desde las banquetas: conejos bípedos; cachorros gigantescos. Cajas con dos piernas. Mariposas con alas de cristal. Hay escenarios dispuestos ya para que los músicos canten y los políticos saluden a la ciudadanía. Hay bombones ensartados en flexibles palos de bambú. Están aquí todos los elementos requeridos para que el festejo se lleve a cabo hoy, en este *Streamside Day,* y para que, más tarde, tal vez incluso por muchos años después, se repita. Mientras haya tiempo; mientras exista la memoria. Ésta es, al menos, la esperanza que parece poner a funcionar el mecanismo de las instalaciones y los eventos de Pierre Huyghe, el artista francés que prefiere producir la partitura de algo en común para que, luego, pueda ser interpretada con mayores o menores variaciones por otros, también juntos. No se trata de imponer una orden, sino de dar una palabra o dar, como es usual cuando además del honor se compromete la voluntad del cuerpo, la mano misma. Más una complicidad que un compromiso, pero, en todo caso, un inicio.

Vivo bajo la sospecha de que Pierre Huyghe escribió tiempo atrás la partitura que nos llevaría por segunda vez a San Juan Luvina.

Vamos muchos, vamos tantos, en un camión. Las ventanillas nos anuncian que nos vamos alejando y, también, que nos vamos acercando. Las curvas. Alguien tiene que bajarse a vomitar. En algún momento otro propone que oigamos, todos juntos, la voz de Juan Rulfo leyendo su propio cuento, leyendo "Luvina". Y lo hacemos sin chistar. Eso: escuchar. La voz cansina, algo pastosa, nos remonta hacia la montaña. La voz nos remonta hacia donde vamos. Aquí están los altos pinos que el texto esconde; allá las flores, más allá el cielo mudo y azul. Abierto. La voz nos prepara para la travesía, pero nunca para la llegada. La voz nunca dijo nada de ese conejo gigante que avanza por la calle principal; aquel perro; este Obama o aquel Hugo Chávez. La voz no nos dice nada del momento en que nos volvemos a ver, extrañados, sin poder reconocernos las caras.

Aquí, en esta Luvina coronada por el sol de febrero, se lleva a cabo hoy, como cada año, una celebración que congrega a toda la comunidad por cinco días enteros. Hay tepache en cantidades generosas, por supuesto; hay baile. Los pequeños saltos de los pies son acentuados por una flexión, también breve, de las rodillas. Desde lo lejos, las cabezas que suben y bajan a la par dan la impresión de formar una ola gigantesca. Una ola hecha de cuerpos y de tierra y de cabello. Y no pueden faltar los decimeros que, gracias a una inventiva que se alimenta de la tradición, ponen al descubierto los secretos de las familias. Son ellos los que, finalmente, se deciden a reconocer que llegamos hasta la plaza central, justo enfrente del Palacio Municipal, y que observamos con ojos contritos y maravillados nuestro entorno. Algunos tomamos tragos mesurados de tepache; otros nos abstenemos mientras el baile continúa. ¿Pero qué somos? ¿Qué somos aquí, en medio del carnaval de San Juan Luvina?

Según los decimeros que lanzan versos al aire, al inicio somos catequistas. Y, conforme pasa el tiempo y la confianza aumenta, seremos anarquistas, zapatistas, terroristas e, incluso, ya al final, artistas.

Esto es un festejo. Esto, tal como nos confirmará meses después Fernando Bautista desde la sala de su departamento en Santa Mónica, un suburbio de Los Ángeles a unas cuantas cuadras de la playa, es un festejo que sucede una y otra vez cada año. Esto es una celebración. Los hombres se visten de mujer y de animales y de políticos y de demonios y de hombres lobo y de luchadores y de fantasmas y también de músicos con fama. Y así, disfrazados de El Otro, disfrazados de Los Otros, toman tepache desde el amanecer hasta el anochecer. Toman tepache, todos ellos, y bailan sin cesar. No importa el sol o el cansancio o la ebriedad. Se trata de llevar a cabo la celebración a partir de la cual es posible decir después, desde cualquier sitio, soy de Luvina, soy de aquí.

En los datos del censo que Reyna registra y conserva en cuadernos Scribe tamaño profesional, de renglón abierto, resulta claro que Luvina es un pueblo que se alarga sobre la tierra. Móvil, disperso, en continuo deslizamiento, Luvina se resiste al sedentarismo o a los límites nacionales. Según ha quedado asentado en tinta roja, hay en Luvina 186 familias. El total de habitantes es de 548; el total de migrantes es de 322. El gran total de habitantes de Luvina, según consta en estas anotaciones hechas a mano y corregidas, en este caso aumentadas, también a mano, es de 870. En efecto, de acuerdo con los datos del censo que organizó y registró Reyna en sus libretas personales en octubre de 2012, hay 870 luvinitas en el mundo. De acuerdo con los cálculos de Fernando Bautista, su hijo migrante a quien no ve desde hace 12 años, debe haber unos 200 luvinitas en Santa Mónica, otros tantos en Santa Ana, pero ya también hay una colonia considerable en Seattle. Los números aumentan sin cesar; los números, como los luvinitas, no paran.

Se les llama datos duros pero, en manos de la mujer que clasifica de acuerdo con los dictados de la iglesia local a lo que percibe como las necesidades del ayuntamiento o de la municipalidad, y a lo que ella misma sabe de su entorno, son, más bien, datos maleables, cuando no datos desobedientes, mercuriales, francamente sospechosos. De todos los niños de Luvina, hay 81, por ejemplo, sin recibir ningún sacramento: 16 sin bautizo; dos que pertenecen a familias protestantes; 73 sin primera comunión; 76 que no se han confirmado. Hay 36 jóvenes de más de 17 años; tres con discapacidad y tres en la catequesis; seis que pertenecen a familias protestantes. Hay 25 adultos que no se han confirmado; 23 que no han recibido la primera comunión y, entre ellos, seis padecen alguna discapacidad. La situación de las parejas es todavía más compleja. De acuerdo con los datos mercuriales de Reyna, de las parejas que bien podrían casarse todavía en Luvina, 29 viven en unión libre, 14 no tienen impedimento alguno, ocho viven en mal estado (y, entre paréntesis, ella misma aclara que se refiere a adulterio), seis pertenecen a familias protestantes, y una pareja, la última pareja, es inestable.

Una pareja inestable. San Juan Luvina.

En su departamento diminuto pero impecable, dentro del cual hay que quitarse los zapatos para conservar la claridad de las alfombras, Fernando cuenta a grandes rasgos, como si se tratara de una historia bien sabida o mil veces repetida, el proceso que lo trajo desde San Juan Luvina hasta las orillas de Los Ángeles. No, no lo había pensado. Sí, se lo propuso de repente un primo que pasaba unos días en el pueblo. Sí, se presentó un día con el boleto comprado y los arreglos ya hechos. Avión hasta Tijuana; coyote para cruzar por Tecate; cajuela entre San Diego y Los Ángeles. ¡Lo primero que comí acá fueron unas papas de McDonalds! Su hermano ya lo esperaba: casa, trabajo, amigos. Desde entonces Fernando ha tenido la misma patrona, una mujer blanca que dejó atrás una compañía dedicada al diseño y la manutención de jardines cuando azotó la crisis de 2008, para empezar una de construcción y remodelación luego de algunos meses de entrenamiento, estudio y la expedición de licencias. Ocho horas de trabajo al día, a 14 dólares la hora. En el calendario de 2015 que la patrona le regaló, hay sólo fotos del equipo de luvinitas en plena actividad de trabajo. En enero tiran paredes de madera, en marzo, echan cemento para los cimientos de una casa, en noviembre pintan o resanan. A la mujer con la que ya tuvo su primer hijo y con la cual todavía podría casarse la conoció en las reuniones de la asociación, que es como llama a la OWLA Luvina, la organización que congrega a los luvinitas que viven y trabajan, la mayoría sin documentos migratorios, en el sur de California desde 1997. Libertad-Igualdad-Oaxaca. Cualquier conversación con miembros de la asociación deja en claro que se trata de una entidad sin fines de lucro pero oficialmente legitimada que busca beneficiar a la comunidad de San Juan Luvina y no a nadie de manera individual. OWLA Luvina no sólo contribuyó con 70 mil dólares, por ejemplo, para la construcción del Palacio Municipal en la punta de una montaña de la sierra Juárez, y con 12 mil cuando el año en que la sequía dio al traste con todas las cosechas, sino que también organiza las elecciones de Luvina en el exterior y, por supuesto, las fiestas que les permiten seguir diciendo año tras año, evento tras evento comunitario, somos de Luvina, somos de aquí.

Luvina en Stoner Park. Luvina en Harthwell Park. Luvina en tantos sitios. A veces en salones rentados expresamente para las reuniones comunitarias o, con mayor frecuencia, en parques donde sólo hay que requerir permiso para instalar sillas y anafres y mesas, los luvinitas se congregan a la menor provocación. ¿Cometiste un error al venir acá?, le preguntamos, y Fernando nos mira con ojos de incredulidad. Le toma unos minutos digerir la pregunta, sonreír y, luego, contestar. ¿Y qué me iba a quedar yo a hacer allá? ¿Tocar el acordeón? ¿Sembrar los cuatro pedazos de tierra de la familia toda la vida? Es claro que no regresará, no, al menos, mientras pueda trabajar. Es claro que está aquí, en Los Ángeles, tanto como que sigue allá, en San Juan Luvina. Sí, en efecto, se puede estar aquí y estar allá al mismo tiempo. Es posible vencer todas las leyes de la física. "Esto ba para todos los incrédulos k piensan y dicen ese dicho 'nadie sabe para quién trabaja' yo sí les puedo decir k yo y todos los k aún creemos en la honestidad sí estamos al mil por ciento convencidos k seguimos trabajando para el mismo objetivo al k un día estampamos la firma y el corazón. Ayudar a esa comunidad k nos bio crecer y k lleva por nombre 'SAN JUAN LUVINA.'"[5]

Luvina sabe de éxodos. Las raíces de Luvina, que son largas y van camino abajo dentro de la tierra, también son horizontales y rizomáticas y se extienden con facilidad. ¿Y quién que es no es sedentario y nómada a la vez en estos días? Asentada en al menos dos distintas localidades de la sierra Juárez, Luvina la vieja tuvo que cambiar de ubicación debido al acoso de Xenilála, el espíritu de la montaña que tenía por costumbre llevarse a los niños.[6] Asustados tal vez, o animados por la fertilidad del suelo en la serranía vecina, los luvinitas emprendieron el recorrido que los llevaría a unos cuantos kilómetros de San Pablo Macuiltianguis, la cabecera municipal. Ahí, sobre la punta del cerro, todavía al pie de la piedra monumental donde se refleja la luz de la luna y donde, dicen, se encuentran también los glifos de pobladores prehispánicos, Luvina la nueva sigue recibiendo las visitas

---

[5] Entrada en el Facebook de Owla Luvina, 12 de mayo de 2014.
[6] Para más información sobre el origen errante de Luvina y las apariciones de Xenilála, véase la revista *Yagular*, núm. 5, septiembre-octubre de 2012, dirigida por Saúl Hernández Vargas y Juan Pablo Ruiz Núñez.

esporádicas de Xenilála. Ni Reyna, en San Juan Luvina, ni luego Fernando, en Santa Mónica, pueden dejar de lado la experiencia que tuvo su hija y hermana, respectivamente, a los 14 años. Fue ella la que, un buen día, sorprendió a su madre arreglándose el suéter para salir mientras le decía que se iba de la mano del señor que estaba ahí. ¿Dónde ahí? Aquí. Horas después, muchas horas después, después de que la alarma cundiera en la comunidad y se organizaran grupos de búsqueda, después de horas y horas sin encontrarla, apareció otra vez ella, la hija menor de Reyna. La sonrisa adolescente. La sorpresa del retorno. El proceso de exhalación. Todo el tiempo que anduvieron buscándola por cielo y tierra la muchacha había estado sentada sobre la rama de un árbol. Ni ella ni nadie más se anima a dar una explicación de su paréntesis vital, pero todos concuerdan con distintos tonos de convicción en que el espíritu de Xenilála ha tenido algo que ver con esa desaparición súbita o con esa alucinación de muchos.

A la entrada, justo bajo el umbral de la puerta, un hombre de levita negra nos saluda y nos pide nuestro nombre. Tan pronto como lo escucha, lo repite, con extraña perfección, en voz alta. No dice nada después. No hay ninguna instrucción. Pero luego, al recorrer las instalaciones de Pierre Huyghe en el LACMA de Los Ángeles, levantaremos el rostro y sonreiremos en secreto cada vez que se escuche el nombre de alguien, el nombre de alguien más, que acaba de entrar. No debe de haber coincidencia alguna o debe de haber todas las coincidencias posibles entre Fernando Bautista y Pierre Huyghe. No estamos, con ninguno de los dos, ni en la realidad en cuanto tal ni en la ficción propiamente dicha, sino en lo que queda justo en medio o, acaso, más allá. Estamos frente a una partitura que ha sido escrita hace años, muchos años quizá, pero que ahora es interpretada por los hombres y las mujeres y los niños y los ancianos de San Juan Luvina, y los hombres y las mujeres y los niños y los ancianos de Los Ángeles. Estamos frente a una promesa. Esto que ocurre frente a nuestros ojos, entre el poco espacio que se abre entre nuestros cuerpos, es una promesa cumplida.

Uno oye.

Oye rumores;
pies que raspan el suelo,
que caminan,

                                                    que van

y vienen

VI

LO QUE PODEMOS HACER LOS UNOS POR LOS OTROS

EL ASTRÁGALO

Caminamos hacia la montaña. Pronunciamos la palabra *Zempoaltépetl* y empezamos a soñar al mismo tiempo. Caminamos en sueños, siempre hacia la cima. Las plantas de los pies sobre las plantas de la tierra. Las falanges, presionando. Los metatarsos. Los huesos cuneiformes a la mitad del pie. Nuestros tobillos. El astrágalo, ese hueso de seis caras de donde surgió el dado, se articula a la tibia y a la fíbula mientras avanzamos, mientras seguimos avanzando. Éste es el tendón de Aquiles contra la tierra. Un montón de ligamentos, cartílagos, huesos, movimiento. Éste es un paso dentro de una palabra que significa "veinte montañas" en náhuatl. Han pasado años, siglos tal vez. Hemos estado avanzando hacia esta montaña desde antes de nacer.

De los trabajos de exploración que la Comisión del Papaloapan ha tenido que realizar para lograr el desarrollo armónico e integral en sus diferentes regiones y grupos humanos, ha tenido que extender su acción hasta las partes más escabrosas y abruptas de la Sierra Madre, donde están las fuentes de los numerosos arroyos y ríos que forman finalmente las principales corrientes del Papaloapan. Así se ha establecido contacto por primera vez con numerosos grupos indígenas que, como el que se presenta en este documental, han vivido desconectados y en el olvido.[1]

---

[1] Juan Rulfo, "Borrador", documento inédito, México, Fundación Juan Rulfo, s. f., s. p., en Paulina Millán Vargas, "Las fotografías de Juan Rulfo en la Comisión del Papaloapan,1955-1957", tesis de maestría en historia del arte, México, Facultad de Filosofía y Letras UNAM, 2010, p. 55.

SI ESCAPA A SU PODER

Nos han invitado a subir a la montaña para celebrar *la veintena* —los primeros 20 días en la vida de Tum, un niño—. Tum Et Hernández Jiménez. El primogénito. El único. El primero. Y éstos son sólo algunos de los significados de su nombre entre los mixes, el pueblo en el que nació en la sierra norte de Oaxaca, a unos 2 500 metros sobre el nivel del mar, en la comunidad de Tlahuitoltepec. Como suele ser el caso en casi todos los calendarios precolombinos, un periodo de 20 días corresponde también con un mes en el ritual mixe. Tum Et ha completado pues este primer ciclo sobre la tierra y, para dar las gracias, sus padres y sus padrinos, sus abuelos y otros amigos cercanos de la familia han decidido ascender los 3 900 metros hasta llegar al pico último de la montaña. Dar las gracias o compartir las gracias, un proceso entrelazado. Ellos hacen esto con bastante frecuencia, caminar. Caminar montaña arriba sobre veredas lodosas bajo las ramas vigilantes de los ocotes y los pinos, los encinos y las plantas del agave, que son eternas. Ellos caminan así, a paso regular sobre raíces protuberantes que abren los caminos en dos, sobre hojas secas y ramas partidas hasta alcanzar la cima. El aire, tan crujiente. El viento, que ulula. Una vieja cruz de hierro justo allá, allá arriba. Una capilla hechiza. Esto es una montaña sagrada, advierte el anuncio: "Wintsë ëki yim mpëmpe myajk juukyïwa. ¡Wats yak it!" Respete al dador de la vida. Y así lo hacemos. Esperamos a una distancia precavida mientras los padres y los padrinos y los abuelos continúan con la procesión. "Si es posible, la montaña, que es todopoderosa, te ayudará", nos dice uno de los caminantes cuando vamos ya de bajada unas horas después. "Pero si no, si escapa a su poder, nada te va a ayudar, ni siquiera la montaña." Escuchamos y asentimos. El tronar de las rodillas mientras descendemos y trastabillamos sobre los guijarros y los charcos y las hojas.

CAMINO OAXACA-ZEMPOALTÉPETL: Oaxaca, Tlacolula, Mitla, Lorenzo Albarradas, Santa María Albarradas, Ayutla Mixes, Tamazulapam, Tlahuitoltepec, Zempoaltépetl.[2]

ALVÉOLOS

Inhalamos y exhalamos, ruidosamente. Éstos son nuestros pulmones, ardiendo, mientras seguimos a la procesión en silencio: una mujer que ha dado a luz apenas 20 días atrás; un padre que carga a su primogénito sobre la espalda, envuelto en un rebozo, mientras lleva costales de naranjas en ambas manos; una tía cargada de botellas de plástico llenas de tepache y mezcal, bultos de tortillas y huevos duros, tamales de maíz y frijol; una pareja de padrinos junto con su hija de cinco años y su hijo de siete; un tío que lleva a las gallinas y a los guajolotes descabezados dentro de un atado que cuelga de su frente; una prima que se ha enredado el rebozo en la cabeza a la manera tradicional de los mixes y su pequeña acompañante rubia de siete años, y nosotros. Y nuestros pulmones. Cerca de la columna vertebral, a uno y otro lado del corazón, los pulmones transportan el oxígeno de la atmósfera hacia la sangre, liberando así el dióxido de carbono desde la sangre y de regreso a la atmósfera. Inhalamos y, después, exhalamos. El aire pasa a través de la nariz y la boca, viaja a través de la tráquea hasta alcanzar los bronquios y, una vez ahí, los alvéolos. A esto se le llama arder. El intercambio entre el dióxido de carbono y el oxígeno se lleva a cabo aquí, en los alvéolos. Exhalamos. Las plantas de los pies. El globo terráqueo. Inhalamos. Y, por primera vez, nos detenemos. Debemos estar a unos tres mil metros sobre el nivel del mar. "Ya vamos en 25% del trayecto", dice el tío

---

2 Mapa del camino de la ciudad de Oaxaca al cerro del Zempoaltépetl, Colección Walter Reuter, Paulina Millán Vargas, *op. cit.*, p. 58.

regalándonos un poco de español mientras encuentra una roca donde sentarse. El olor a las naranjas en medio del bosque. El jugo de los mangos maduros entre los dedos, por las comisuras de nuestras bocas. La infancia debió de haber sido algo así, incluso al inicio de nuestras vidas. Algo pegajoso. Hacemos lo que ellos hacen: nos pasamos por el cuerpo las ramas de los pinos, las ramas de los encinos, de arriba abajo y, luego, de abajo arriba, todo para espantar el cansancio físico. Hay una vela gruesa y corta en un altar hechizo. "Van a necesitar esto", dice la tía mientras coloca unos pequeños vasitos de plástico sobre las palmas de nuestras manos y sirve ahí, casi de inmediato, este líquido traslúcido: mezcal. Un trago. Tres tragos. Cuatro o cinco tragos después estamos listos para regresar al camino.

> Remontados en las quebradas montañas de Oaxaca; allí donde parece que la tierra hubiera hervido hasta hacerse rugosa, viven los mixes. En contraste con la dura naturaleza que los rodea, su temperamento es dócil, disciplinado y sencillo. Aunque calificados de seres irracionales y carentes de valimento, los mixes han compartido durante siglos sus bienes y sus males; la alegría y la desgracia y, más que nada, su soledad.[3]

NUESTRO SENTIDO DEL OLFATO

Todo empieza muy temprano en la mañana. Siempre hace frío en Tlahuitoltepec, desde el amanecer hasta la noche, como suele ser el caso de todos los pueblos en las tierras altas. Tenemos suerte de que hoy sea un día soleado. Un día claro justo en la mitad de julio. Qué sorpresa. Nos despertamos y nos levantamos casi al mismo tiempo. Apenas

[3] Juan Rulfo, "Notas sueltas sobre los mixes", en Paulina Millán Vargas, *op. cit.*, p. 65.

nos hemos vestido cuando ya nos apuran a ir a la casa de los vecinos. "Se hace tarde", nos dicen. Y, en efecto, se nos ha hecho tarde. Sabemos que se nos ha hecho tarde porque cuando llegamos a la casa de la tía de nuestra amiga el ritual ya ha empezado. Éstos son los olores con los que se inicia la celebración de tres días a la que se le denomina la veintena: el olor a sangre y tepache en el aire. El aroma de la leña del encino mientras arde. La esencia de las rosas de Castilla. La fragancia de los nardos. El olor a sangre fresca, desde el altar, y de manzanas frescas, desde los árboles que circundan el amplio patio de la casa. Los indicios del azúcar y el café que salen desde la cocina. El rastro de los perros, que corren a su antojo; o el de los cerdos, desde un chiquero no muy lejano. El olor a sudor, a sudor de mujer, mientras las tías se mueven frenéticamente dentro y fuera de la cocina, dando vueltas a las tortillas sobre el viejo comal o tostando el pescado seco que viene del istmo o poniendo a hervir el agua para la sopa de guías. El olor a sangre, sangre de animal, en el lomo del viento. Sangre y tepache y mezcal. *Conmovedoramente* es más que un adverbio.

En las profundas cuevas del macizo del Zempoaltépetl los mixes acuden a verter sobre las rocas sangre de guajolote y plumas de quetzal, para que la siembra o la cosecha sea propicia.[4]

EL LENGUAJE DEL BOSQUE

Extranjeros. Eso es lo que somos aquí. Incapaces de hablar su lengua, mantenemos una distancia que no es necesariamente nuestra. Estamos en el territorio de los nunca conquistados, después de todo. Éstas son las tierras altas que ni los aztecas primero, ni después los españoles, pudieron cla-

[4] *Ibid.*, p. 66.

mar como suyas. Vamos por lo que llegaría a ser, después de 1936, el primer distrito étnico del país, con derechos y leyes propias. Éstos son los ayuujk, como se llaman a sí mismos, la gente de la lengua del bosque. Éstas son sus nubes, residuales. La niebla nos convierte, de súbito, en apariciones. Hay unos 100 mil mixes distribuidos entre las sierras de Oaxaca y Guerrero. Una comunidad muy estrecha, eso es lo que son, una comunidad de campesinos que han sobrevivido tantas conquistas y otros tantos intentos de modernización gracias a su trabajo en el campo y a las relaciones estratégicas que han sabido establecer con la ciudad y el Estado. Extranjeros, ciertamente. No hay manera de ocultarlo. Eso es lo que somos: extranjeros que, sin embargo, comen en su mesa, en su compañía. La incesante charla de los hombres. El humo de tantas cosas juntas. Bebemos el café que nos ofrecen, todavía humeante, en pocillos de barro. Y mordemos, también, el pan de trigo que nos entregan en la mano. Luego, siguiendo su ejemplo, tomamos traguitos de tepache. No más de tres, de acuerdo con la regla. Así empezamos con la sopa. Fresca y simple, hecha de las hierbas que crecen, silvestres, a orillas de sus parcelas o en sus hortalizas, la sopa de guías se come con la ayuda de los dedos y las tortillas. Partimos el huevo duro que nos ofrecen y lo pelamos con cuidado. El pescado seco, ya tostado, se come con tortillas embarradas de chile rojo. Proteínas y carbohidratos para el camino. Proteínas y carbohidratos y alcohol. Estamos preparándonos para ascender, para ir hacia la montaña. Todavía es una mañana espléndida de mitades de julio. Arriba vamos. En el futuro, cuando esta caminata se haya convertido ya en una mera figuración de la memoria, nos acordaremos de esto: un festín abundante en esa mañana gloriosa de inicios de verano justo antes de emprender la caminata junto a la gente de la lengua del bosque.

Gente peleonera y salvaje, con un idioma primitivo de sílabas sueltas y gesto para llenar su miserable entender. Difamados como rapa-
ces y crueles. Llenos de oprobio y la injuria de los hombres.[5]

CARMEN, LA FOTÓGRAFA

La hemos visto. Incluso hemos tomado fotografías de ella
antes de que se nos aproxime con cautela y nos pida, también con algo de timidez, la cámara. Su nombre es Carmen,
Carmen Cardoso Pacheco. Carmen tiene que caminar de
regreso hacia su madre para preguntarle cuántos años tiene.
Tiene cinco años, nos anuncia todavía con la respiración
agitada después de la correría. Carmen es una niña de cinco años que ha subido la montaña sagrada por primera vez
en su vida, unas tres horas de ascenso. Arriba allá vamos.
Carmen y su larga cola de caballo, y sus pequeñas manos
que terminan en diez dedos aún más pequeños, y su sonrisa
escandalosa, toma la cámara y la coloca frente a sus ojos.
Toma una foto y, luego, otra. Y luego toma muchas más.
No para. Se diría que no puede parar. Le toma varias fotos
al paisaje antes de darse la vuelta e intentarlo con nosotros
mismos. Ella se detiene un momento y, con esa sonrisa entre
cautelosa y traviesa, aprieta el botón que libera el obturador.
Le grita a su papá y, una vez que logra llamar su atención, lo
captura también, su movimiento detenido así para siempre.
Luego le toma fotografías al suelo cuando el tío nos cuenta
que las huellas que vemos sobre las rocas son prehistóricas.
Y lo vuelve a hacer cuando la tía añade que este lugar sobre
el que estamos parados, este pedazo de roca inmensa, es el
lugar de juegos de los rayos y los relámpagos. Carmen es la única
que puede tomar una fotografía de su madre, envuelta en una
de esas faldas plisadas, de flores diminutas, que las mujeres

---

[5] *Ibid.*, p. 66.

mixes visten a diario. Carmen es la que captura, de manera memorable, ese raro momento en que los hombres y las mujeres, agotados después de horas de caminata, se tienden sobre la superficie de la tierra, largos y relajados, como si fueran totalmente libres. Carmen se acerca al manantial y, espiando su propio reflejo sobre el agua, intenta producir su primer autorretrato. Nos hemos refrescado en este manantial, hemos hecho un cuenco de nuestras manos para extraer el agua que, luego ya dentro de nuestros cuerpos, nos fusiona con la montaña. Carmen será una fotógrafa, decimos en voz alta, como para tentar al destino. En la tarde siguiente, cuando el segundo día de las celebraciones de la veintena continúa su marcha, la tía describirá a la concurrencia la manera en que Carmen había tomado la cámara, y cómo había hecho fotos, cientos de fotos, sin aparente esfuerzo. Ella va a ser fotógrafa, anunciará a los invitados, en un lenguaje que no hablamos pero que, a veces, logramos entender.

Hachando árboles y prendiendo fuego a los bosques hasta que el incendio consuma una extensión suficiente, adecuada al esfuerzo de uno o de varios, si es que el terreno va a ser trabajado en comunidad. Son de tal magnitud estos incendios, que durante los meses de abril y mayo la tierra se esfuma en el humo...[6]

MIRAR DE REOJO

No miramos o, de hacerlo, miramos de lado. Es difícil saber qué hacer con los ojos a veces. Ellos acumulan luz, los ojos; ellos transforman esta luz, con la ayuda de diafragmas y lentes, en imágenes. Impulsos neurológicos. Parpadeamos y, luego, de inmediato, tratamos de no parpadear. Cada gesto es un riesgo, o una traición. Éste es el momento del sacrifi-

[6] *Ibid.*, p. 67.

cio. El sacrificio ritual de gallinas y guajolotes. Un sacrificio y una ofrenda en nombre de un niño. Una promesa. Una petición. Veinte días ya sobre la superficie de la tierra. La superficie, las plantas. ¿Tenemos que ver hacia otro lado? Son pasadas las seis de la mañana y, en medio de los rezos y la plática, las gallinas mueren, los guajolotes están muriendo. ¿Podemos ver? Hay un pedazo de tronco, redondo y grueso, sobre el piso de cemento. Hay gladiolas en los floreros que rodean el altar; hay nardos. Una imagen de Jesús, dentro de un marco dorado, cuelga solitaria de la pared azul. Y éstos son los murmullos que escuchamos. Éstos son los rezos. Los cuellos de las gallinas negras y marrones, y los cuellos de los guajolotes, están ahora sobre el tronco. Qué silencioso puede ser un machete. Es admirable cómo alguien diestro en el uso del machete puede elevarlo en el aire con tanta agilidad y, luego, dejarlo caer casi sin sonido alguno. El reino animal se llena de una calma hermética así sólo a veces. Éste es el olor de la sangre, tan fresca y madura como las manzanas de los árboles del patio. Éste es el tufo del tepache que esparcen sobre los cuellos abiertos, los cuellos sangrantes, de los animales. El aroma del mezcal. Aquí se habla el lenguaje del bosque. Llevaremos con nosotros todas estas gallinas sin cabeza, todos estos guajolotes sin cabeza, dentro de costales de yute hasta la cima, hasta la vieja cruz de hierro con la que termina la montaña. Respete al dador de la vida. Y vamos a sacrificar más gallinas, un guajolote más, una vez que nos encontremos allá arriba. El aire, tan crujiente. Esta espléndida mañana de mediados de julio. Todavía no sabemos qué hacer con nuestros ojos. Miramos de reojo, ciertamente, hacia una distancia que no es necesariamente nuestra. Ésta es nuestra ofrenda. Nuestras peticiones y nuestras gracias van entrelazadas en las plumas que iremos separando una a una de sus cuerpos ya sin vida, después. Al final del primer día de celebración, alrededor ya de las rectangulares mesas de madera, nos los comeremos —sus piernas, sus pechugas, sus alas— en un caldo tan simple como nutritivo: zanahorias y papas y ejotes en un preparado de chile chintextle. Y comeremos, también, los tamales de maíz y de frijol, tomándonos todo el tiempo para desgajar las largas hojas de maíz que los envuelven horizontal y verticalmente. Y tomaremos el tepache que sirven ahora en pocillos de barro con pedazos de maíz. Y, poco a poco, iremos aprendiendo a comer con las manos.

Mientras el cuarto se llena de humo y se puede escuchar el palmoteo rítmico que acompaña a la elaboración de las tortillas.[7]

EL TRUEQUE

La montaña nos da tanto. La montaña, que con frecuencia aparece como un vaso invertido en las imágenes precolombinas, nos provee, antes que nada, de agua. Y bebemos tragos y más tragos directo de los manantiales con los que nos topamos al iniciar el descenso. Las rodillas, que truenan. El astrágalo. Estamos a punto de resbalar varias veces sobre los caminos empinados, pero logramos hacer equilibrio y mantenernos en pie. La montaña nos da flores, montones de ellas. Flores moradas que brotan al final de ramas muy hirsutas. Manojos enteros de nardos. A medida que avanzamos en las subidas y las bajadas, la montaña nos da pequeñas plantas de agave que limpiamos y preservamos para su futura siembra en otros sitios. Y nos da ramas, ramas de encinos o ramas de pino, que le arrancamos al tronco con ayuda de los machetes y transformamos, luego de un rato de tallar, en coas —un instrumento tradicional para el trabajo en el campo—. La montaña, que nos ayudará sólo si está al alcance, nos recompensa ahora mismo con este botín.

[7] *Ibid.*, p. 68.

Inhalamos y exhalamos, y luego hacemos una pausa. Nuestros pulmones, que se llenan. Nuestros ojos coleccionando luz. Nos recostamos directamente sobre la superficie de la tierra, nuestras espinas dorsales contra la nervadura del planeta. Nuestras columnas y cada una de sus 33 vértebras, y los canales óseos que protegen la médula de todos nuestros huesos, se acoplan con una facilidad pasmosa a las altas y bajas del terreno. Ver el cielo toma tanto tiempo.

> Las casas de los mixes, ennegrecidas por los años, la humedad y la sombra de los ciclos neblinosos, son oscuras. Al llegar la noche desaparecen.[8]

HOMBRES QUE HABLAN MUCHO

Entre febrero y junio de 1955 Juan Rulfo viajó a través de las montañas de la sierra norte de Oaxaca para documentar, junto con el cineasta Walter Reuter, las danzas de los ayuujk de Tlahuitoltepec, el mismo pueblo en el que Tum Et Hernández Jiménez nacería unos 59 años después. Iban conduciendo un auto pero cuando los caminos pavimentados desaparecieron se montaron sobre el lomo de algunas mulas para continuar con el camino. También caminaron mucho. Uno de ellos al menos, Rulfo mismo, subió la montaña hasta alcanzar el pico del Zempoaltépetl siguiendo de cerca la guía de un topil —un guardia local—. Y justo como Carmen unos 59 años después, en un futuro que ya no conoció, Rulfo tomó fotografías. Muchas fotografías. El paisaje monumental, sobre todo. La niebla. Los niños y las mujeres, circunspectos. Las mujeres sentadas a las orillas del abismo o trabajando en las laderas escarpadas de la montaña con las cabezas envueltas en rebozos para contrarrestar la luz puntiaguda de las tierras

[8] *Ibid.,* p. 71.

altas. Nubes imposibles descendiendo sobre las verdes frondas de los árboles o sobre los techos de los jacales. Danzantes y sus máscaras. Músicos y sus instrumentos. En ninguna de esas imágenes apareció alguna vez, sin embargo, la sonrisa de los mixes. En las fotografías de Rulfo las mujeres miran hacia el lente de la cámara con curiosidad o asombro, a veces hasta con aburrimiento, pero sin conectarse del todo con el fotógrafo o con su entorno. Las mujeres no se fusionan con el momento —efímero, lleno de vida, transgresor— iluminado por el proverbial *flash* de Walter Benjamin. Nadie habla en esas imágenes. Es claro que la empatía de Rulfo con los mixes fue siempre obvia y, a veces, desbocada. Una de las noches de la sierra, por ejemplo, un Rulfo irascible le echó en cara a Reuter su aparente falta de compromiso. "Tú, nazi, hijo de puta", le dijo. "Estos hombres han caminado tres o cuatro días para llegar aquí sólo para que los puedas filmar, y tú estás ahí, echado en la cama", le gritó antes de golpear al cineasta con una botella de coca-cola vacía.[9] Pero aun entonces, incluso cuando Rulfo siempre tuvo en alta estima al pueblo mixe, incluso cuando se identificaba con ellos y les rendía una admiración bastante unilateral, Rulfo nunca fue capaz de producir la imagen del habla, el momento en que la boca se abre y el lenguaje, la lengua del bosque, emerge desde los órganos internos del cuerpo, rozando sus labios mientras las palabras y los sonidos se esparcen entre la bruma y el follaje. "Estos hombres hablan bastante", decimos justo luego de compartir el *ride* en la parte trasera de un camión de redilas. En efecto, ellos se la pasaron hablando sin cesar durante el desayuno y, luego, desde la casa que dejamos atrás en Tlahuitoltepec hasta el punto de la montaña en que se iniciaría la caminata, y luego durante la caminata misma. No entendemos lo que dicen pero reconocemos algunas palabras. *Alcohol,* por ejemplo. O *Costa Azul,* el nombre de una banda de música tropical.

[9] J. Mraz, "Walter Reuter. Entrevistas", en Paulina Millán Vargas, *op. cit.,* p. 50.

Lo que sí entendemos con toda claridad es la risa, la explosión de la carcajada que le da ritmo a la conversación mientras nosotros, todavía en la parte trasera de la camioneta, estiramos los brazos tratando de tocar las hojas de los encinos que bordean el camino.

> Sólo se oye el viento del sur rozando los techos de zacate; las aguas de algún arroyo; el lejano crujir de las hojas de un encino; pero de los hombres sólo se adivina su vida.[10]

HASTA EL PUNTO DE LA DEVOCIÓN

El espectador viene al teatro a presenciar el desgaste de los actores, argumenta Valere Novarina.[11] Es a través del desgaste de los cuerpos que los actores se aproximan a la verdad. Éste es el único contrato que se lleva a cabo en un escenario tras otro. Algo está a punto de ser dicho. ¿Quién nos viene a ver mientras subimos la montaña y, ya sin aire, alcanzamos la cima sólo para atestiguar, desde una distancia culturalmente establecida, el sacrificio de animales domésticos? ¿Los ojos de quién nos ven, ya sea de lado o ya directamente, mientras nos desgastamos hasta el punto de la fe? ¿Para quién iniciamos esta procesión, física en contenido y espiritual en forma, o viceversa, a través del espacio y a lo largo del tiempo? ¿Es por nada en realidad, para nada? ¿Es sólo para esta minúscula tribu itinerante que conformamos al caminar, las plantas de los pies contra las plantas de la tierra, y al seguir caminando esta gloriosa mañana de mediados de julio? ¿Es para la caminata en sí misma y para nada más? ¿Es para nuestras piernas, para nuestros dos pulmones, nuestros alvéolos, para cada una de nuestras 33 vértebras? Nos

[10] *Ibid.*, p. 71.
[11] Valere Novarina, *Devant la parole,* París, POL, 2010.

desgastamos, es cierto, pero no para morir, sino para vivir. Nos desgastamos no para llegar al punto del agotamiento, sino al punto de la devoción.

Hace cuatro años, en el primer congreso de ayuntamiento del distrito mixe, pidió a todos los seres que los rodeaban que "los dejaran trabajar en paz". Cuando clamaron a los hombres de buena fe que se les reconociera su derecho a la vida. No alegaban su trayecto histórico ni la vejez de su raza ni querían hacer caso de reminiscentes rencores. Subsistían como hombres y por su solo hecho solicitaban el derecho de vivir como hombres.[12]

LO OPUESTO A LA SOLEDAD

No hay soledad en la montaña. ¿Cuántas mujeres y hombres han dejado su huella en esta vereda, abriendo esta vereda, formando esta vereda mientras nosotros nos ponemos los zapatos y empezamos a caminar? La historia de esta procesión data de tiempos muy antiguos, de cuando Kondoy, un líder rebelde de los mixes, encontró refugio en una cueva de la montaña. Aquí se curó sus heridas y reagrupó sus fuerzas. La montaña —donde había nacido, junto con su hermana, de un huevo— lo cuidó bien. Estaba dentro de su alcance; era cosa dentro de su poder. Los encinos nos miran con discreción al pasar; los ocotes. Un techo sobre nuestras cabezas, sus ramas entrelazadas. La niebla, todavía en la distancia, nos mira también. Los hongos, los helechos, las esporas en las orillas de las hojas de los helechos, las gladiolas, las plantas de poleo, todo eso nos mira. Hubo antropólogos antes de nosotros; y habrá antropólogos después de nosotros, podemos contar con eso. Después de alcanzar la cima, una vez que se ha completado el ritual con todo

[12] *Ibid.*, p. 72.

éxito, ya cuando encontramos algunas rocas para guarecernos y descansar, nos sentamos. Saludamos a los que están a punto de partir, intercambiando tamales y mezcal mientras que uno de nosotros, el tío que ha dirigido la ceremonia con anterioridad, habla en voz alta. Los hombres se quitan los sombreros. Nosotros permanecemos de pie, los dedos de las manos entrelazados frente al abdomen. Nuestras peticiones. Nuestras promesas. Nuestras misiones. El tío las describe todas ellas, una a una. Las razones por las que estamos aquí. Lo que esperamos. Se trata de un discurso largo, agradable al oído. Éste es el lenguaje del bosque. Las mujeres, mientras tanto, empiezan a sacar las tortillas de los sacos de yute, y las distribuyen entre todos los comensales. Ahí van los huevos duros, los tamales, el tepache en los pequeños vasitos de plástico. Finalmente, aparece el mezcal. Carmen corre de un lado a otro en entera libertad. Ha tratado de subirse a un árbol y, luego de resbalarse un par de veces, ha desistido de su intento para volverse a reunir con la comunidad. Antes de partir, la otra familia de caminantes deja su mezcal en nuestras manos; algunos tamales también. Compartimos palabras y alimento, eso es lo que hacemos justo ahora. Justo en este instante. Qué muchedumbre tan ruidosa. Un poco después, mientras el intercambio continúa, compartimos la carcajada también. Es un domingo espectacular. Luminoso. Limpio. La niebla se aproxima desde lo lejos. "Es lo que no podemos hacer los unos por los otros", escribió Claudia Rankine alguna vez, cuando trataba de definir la soledad. En la montaña no hay soledad.[13]

Esto es lo opuesto a la soledad.

Esto es lo que podemos hacer los unos por los otros en una montaña. Esto es lo que hemos hecho.

[13] Claudia Rankine, *Don't Let Me Be Lonely: An American Lyric*, Minnesota, Greywolf Press, 2004.

TII NNAYTAPUTËJKÏYÏ'ANP
TU'UK JATU'UK: JA KOJPKPÄTK
MËËT JA AYUUJK JÄÄ'Y.
JANTSY MATYÄ'ÄKY

Traducción al mixe
de Luis Balbuena Gómez

JA TEKY PÄJK

Patëjkïp ëëts kojpkkëjxp. Nëmp ëëts *Zempoaltepetl* jïts ëëts jatyï ja nwïnmää'ny ntapanijkxy. Jajp ëëts nyë'ëyy nwïnmää'nyjëtpy, jïtunkupäjkp ëëts ja'yï nwïn'ijxy, ka'p ëëts npëë'kxy. Ja tekyween yïkxon tyimyjanaytejyë'ëyïyï mëët ja nääjx. Mëjk ëëts ja ntekyjëëjp wyä'kjënï. Ja tekytsä'äjx. Ja kujk'ääjpyï teky päjk. Ja nteky'ëjx. Ja ntekyyo'kt. Nuko ja tekypäjk jyanaytejy'ityïyïtë ku ëëts nyë'ëyy jïts nyë'ëy'ati'itsy. Jate'nts jïte'n ja Akiles eemy mëët nyaytënyïyï ja et näxwii'ny. Nuko may'ampy ja eemy, ja xixy, ja päjk; ja yë'ëky. Yë'ëkyts jïte'n jate'n jajp náhuatl ääw ayuujkjëtpy miti' jïte'n tyijpy ee'px yukp. Kawïnääk jumëjtnï, jotmëny makë'pxy jumëjt'ampy ku ëëts nnïwïnkonïy'atëtsnï yë kojpk, nika'nïmpäät ëëts wïnaty njakaxi'iky.

MÄÄPÄÄT MYAJATÄ'ÄKY

Tëts ëëts nyïkway kojpkpätpë ja' ku ja maxuu'nk y'ee'ptsï
– Ee'px xëëw y'apety ja Tum, tu'uk jë mutsk mijxy. Ja
jakyoopë. Ja jawyeenpë. Ja tu'uk'äjtpë. Yë'ts jïte'n tyijpy ja
xyëëw jam ayuujk etjotp, jam käjpkëjxp mää jïte'n ja' të
kyaxi'iky jam Wäjkwemp jyïtunjotp, niymajtsk mil metrï
kyëjxpï ku mëët ja mejy yyïkkuy'ejxï; jam Xaamkëjxp. Nay
jate'n sää ja xëëpayë'pyë ïjty tyuny ku ka'nïm ja amïxän
jää'y jyä'ättë, ee'px xëëw'ampyts ja po' matsyëy ku ja ayuujk
wäntääjkïn tyuu'yë'ëyy. Tëts jïte'n ja Tum ja myïjawyeen
jujky'äjtïn yää et näxwii'ny tyïkka'pxy, ja'këjxpts jïte'n ja
tyeety ja tyääk mëët ja tsyuxyeety ja tsyuxyääk, ja tyeety'amëj
ja tyääk'amëj mëët muum ja myïku'uktë yä'ätpë xëëw
ttanïpäättë jïts y'atskojpkpäättët. 3 900 metrï ja kojpk
këjxp tyany ku mëët ja mejy yyïkkuy'ejxï. Ja wïntsë'ëjkïn
yyïkpïktäkp uk ja wïntsë'ëjkïn yyïktanïpätp, tu'ukyïts ja'
tyuu'yë'ëyy. Wïnjaawïntsojkts yë' jate'n ttuntë: yë'ëpy ja
kojpk tnïpatëkïtë, tu'ukyï ja tyuu' tyë'ëkyojtë, ja mo'nts tuu'
miti' ja tseen të'ëts ja y'awäj nyïnajxp, ja xoj, ja xee' jïts
ja paktsek, nayïte'n ja tsääjts miti' muum mää atskaxë'kp.
Tu'ukyïts ja' yyë'ëkyojtë ujts äätskijxy, ujts ääy të'ëtskijxy,
mä'ts tëjkijxy kunïm jam kojpkupäjkp jyä'ättë. Moo'tpïm
ja poj. Xuxp ja poj. Jam tu'uk ja pujx krus mää ja tuu'
jyëpkixy, tyimy jam jïtunkupäjkp. Tu'uk ja mutsk tsajptëjk
mëjkamëj të yyïkpïktä'äky. Amääy kojpkts yä'ät, jate'n ja
ayuujk jam të yyïkpïktä'äky. *Wintsë eki yim mpëmpe myajk
juukyïwa.* ¡Wa'ts yak it! Wïntsë'ëkï ja Yïkjujky'äjtpë. Jate'n
ëëts npatuny. Jakamyï ëëts n'awijxy, ja'yï ëëts npa'ijxy ja
uu'nkteety uu'nktääk jïts ja tsuxyeety tsuxyääk ku ja
wyïntsë'ëjk'ii'ny tpïktä'äktë. "Pïnë ëë'yïp, yë kojpk meets
mputëkïyïp, yë'ëxï jïte'n tuki'iyï myïmajatakpy", yïknïmää'y
ëëts ku ëëts niyjawaantëkï ja jïtun nkuwyïnäjkkojmï. "Pïnë
ka'ts y'ëyï, pïnë ka' tmïmajatä'äky, ka' meets tii mputëkïyït,
ni yë kopjk päät", nemkojmïp; nëmp ëëts ku jantsy jate'n.

Niymoo'tpïm ja kox ku ëëts nkïtäknï, yyïktajïpkuta'pxïp ja
tsääj, ja nëëmo'nts, ja ujts ääy të'ëts.

JA XEJYTËJK

Mëjk'ampy ëëts nyujkxejy jïts nayïte'n nxajpïtsimy. Jäjnïp
ëëts ja nkatsy ku amënyï njapayë'ëyy ja kojpkpätpë: tu'uk ja
uu'nktääk miti' ee'px xëëwnïm ja y'uu'nk pyatpy; tu'uk
ja uu'nkteety tpatsimy ja jyakyoopë, yëjk kujuuxjëtpy jïts
atsow tjaakpawïtsy jë tsaptsuuky mëët jë mänk; tu'uk jë
majää'tyë'ëxy tpatsimy ja pä'äknëëj jïts ja keetsy tu'ujts,
mëët jë kaaky, tutu'uty kë', xë'ëxy jïts jë pïnuuky; ja
tsuxyeety ja tsuxyääk miti' wïnkon payë'ëjyïyïtëp ja nyëëx,
makoxk ja' jë jyumëjt, jïts jë myäjk, wïxujk ja' jë jyumëjtmï;
tu'uk jë majää'yyää'y ja tutk ëëky tpatsimy, jyïtii'yïp ja
na'ääw yujkpijkxy miti' jë wet të tta'atsumy jïts kyupäjkkëjxp
nyaytakujenyïyï. Tu'uk ja të'ëxyëjk kupe'eny, sääya'amja
ayuujk të'ëxy nyayxëxyïyïtë, mëët ja'jë myïku'uk, wïxujk
jumëjt ja' tmëët'aty; jïts ëëts. Jïts ëëts ja nkatsy. Jïkuuts
wïnki'ijy, jotsuujky puki'ijy, ja poj tjïtity jïts ja xejy ja ne'xk
ttatëkï, tuki'iyï ja ni'ijpy ttatëkï jïts tyïkpïtsëmmïja ka'ëy
xejy. Yujkxajp ëëts jïts ëëts njaxajpïtsëmkojmï. Të ëëts
njää'tyïkëënyï uk ka'p ëëts n'ukmïtapyätnï: Pï xajpïtsemp
ëëts jïts ëëts nxajpïtsëm'ati'itsy uk yujkxajp ëëts jïts ëëts
njaaktyimyyujkxejy wïnetnïmts ëëts nxajpïtsimy. Ääwjëtpy
jïts jëëjpjëtpy ja poj tyëkï jïts ttanaxy ja yo'kt kunïm
jyä'äty katsy'oojk'ajpy jïts ja xejytëjk ttanäjxkixy. Jäjpts yë'.
Katsy'oojk'ajpyts ja poj tyïkatsy jïts pyïtsimy ja xejy miti'
jïte'n ëy jïts miti' ka'ëy. Xajpïtsëmp ëëts. Ja tekyween. Ja et
näxwii'ny. Yujkxajp ëëts. Tïkëëk mil metrï'an ja kojpk këjxp
tyany ku ja mejy yyïktamïkuy'ejxï, jamts ëëts nwä'k'ëyï,
myïtu'uk'oojknïm. "Nika'nïm yë tuu'yë'ëky kyujkwa'kxy"
nëmp ja mëjteety ku tpääty tu'uk jë tsääj jïts jam
tsyënay'ëyï, jïts ëëts jate'n yiinwaan amïxän x'atsmïkajpxy.

Yïkxon ja tsaptsuuky xyuu'kwïtity jam yukjotp.Yïkxon ja mänk tsä'äm wyïyë'ëyy ëëts n'ääwkijxy jïts këtsä'äjxjëtpy kyuyë'ëyï. Pï nay jate'n jïte'n ja mutsk'äjtk, nay jate'n jïte'n ëëts ja nkë'm jujky'äjtïn tsyoo'ntääjk. Oo'tspïm. Nay jate'nts ëëts ntuny sää ja' ttuntë: naytawïwojpïyïp ëëts amuum ja tseen ääy ja xoj ääy, tuki'iyï ja kë' ja teky wïnpity atijy jïts ja jotkëjkxïn yyïkwïwëpy. "Mtsokïyïp meets yïnet yä'ät", nëmp ja mëjtääk ku ëëts xtakëkonï jë mutsk uujk'ii'ny jïts jajp jatyï t'atamï ja nëëj tajäjnäjxpïm: ja mëjknëëj. Tu'uk xuu'pxy. Tïkëëk xuu'pxy. Maktäxk uk tutujk xuu'pxy ëëts n'uuky jïts ëëts njaaktuu'yë'ëkyëjy.

TII ËËTS NXU'UJKYÏP

Tsojkyï tuki'iyï jëpy tsyoo'ntä'äky. Xujxp jam Xaamkëxjp kuyï jyäjtä'äky jïts kunïm kyootsï, sääya'am tu'uk jatu'uk ja käjp jam jïtunkëjxp. Të ëëts nta'ëy'aty, änpts jajp tëjk'aki'py. Wïnwä'äts ja xëëw julio po' kujkwa'kxy. Tii ka' ëy. Jajpnïm ëëts nwïn'ejxwa'kxy jïts ëëts jatyï njapïti'iky. Nayxojxïpnïm ëëts ku nyïknëëjmï jïtsïk ëëts npoyjë'ëkt jïts ëëts jajp jää'y tyëjkwïntujpy nëjkxt. "Pajtp ja xëëw", yïknïmaapy ëëts. Jantsy jate'nts, tëts ja xëëw pyajtkëjy. Tää'nïkyojp ëëts, kuxï ëëts njä'äty jam nmïku'uk tsyïkuuj tyëjkwïntujpy tëts ja' ja jyotmay tyïktsoo'ntäknïtë. Jate'nts jïte'n xyuuky ku tïkëëk xëëw yïkxëëtuntëkï ja ee'px xëëw: ni'ijpy jïts pä'äknëëj xuu'kp tuki'iyï. Ja xoj kipy xuu'kp ku tyëyy. Ja poop pijy jë y'amääy xu'ujkïn. Ja kupijy xuu'kp. Ja ni'ijpy jam xuu'kp mää ja wïntsë'ëjk'ii'ny të yyïk'a'ejxï, nayïte'n xyuuky ja mansään tsä'äm jam kyipykëjxp miti' ja tëjk'ääw amuum nyï'awïtijtpy. Ja pä'äk jïts ja kafwee jajp jëëntëtyääjk xyuu'kpïtsimy. Ja uk ja xyu'ujkïn tyïktany ku omää pyujtwïtettë, uk ja kutsy miti' jajp mum wïnkon ja tyanatyääjk. Ja anuu'kxï xu'ujkïn; të'ëxyëjk anuu'kxï, ku tu'uk jatu'uk ja të'ëxyëjk jïts ja uu'nktääk jajp nyäxtë työkïtë jëëntëtyääjk jïts ja kaaky tkon'awïtettë wejkxykijxpy, uk ja äjkx të'ëts tyïkpë'ëxtë miti' jajp mejy'ajpy tsoo'np, uk ja tsi'ipynëëj kyïxwejtstëp. Jëpkupojïp ja ni'ijpy. Jïyujk ni'ijpy. Ni'ijpy jïts jë pä'äknëëj mëët jë mëjknëëj. Ka' nuko y'ayuujkï ku nnëë'mïnt ku yyïkmëjkwïnmää'nyminy.

Ja yukjotpït ayuujk

Wenk jää'y. Ja'ts ëëts jam mëët ja'të. Ni ka' ëëts ja' ja y'ayuujk njaty. Niynayjïpëjkïyïp ëëts, ni ka' ëëts jate'n kë'm njatanïpääty. Sääts jïte'n ntuu'nïnt pï ja kamaapyë y'etjotpts ëëts. Këjxp etjoojt yä'ät miti' ni ja nëwëmpït jää'y ni ja amïxän jää'y ojts tkamïmajatä'äktë jïts ka' tmïtäntëë. Nëë'mïmp jïte'n ku niy jaa 1936 yyïk'ejxkäjptsëëny sääm ja myïtu'uk nëwempit mëj ayuujk käjp miti' myëët ja kyë'm awä'äts'äjtïn jïts ja kyë'm kutujkïn. Ayuujk jää'yts yë'të, jate'nts yë' kë'm nyaytijyïyïtë, ja jää'y miti ja yukjotpït ayuujk kyäjpxtëp. Yë'ts yë' jë yyoots. Jaayï ëëts ja näxyoots x'atsyïk'atïkëy. Makë'pxy mil naxyïn ja ayuujk jää'y jam muum ja tsyënatyääjk tmëët'ättë Guerrero jïts Wäjkwemp jïtunkëjxp. Amukï yë' kyukäjp'ättë, kämtunpë jää'y yë'të pën të tjamïmajatä'äktë tu'uk jatu'uk ja tseptunk ja kämpëjkk jïts nayïte'n mëjk tjawïntanïtë ja akäts wïnmää'ny, nay ja kämtunk tyawïntanaatyëp jïts ja mëjk wïnmää'ny miti' të tkojnïtë mëët ja akätsjoojt jïts ja mëj kutunk. Wenk jää'y, tyimy jate'n ja'yï. Wä'äts nyïkaxi'iky. Ja'ts ëëts jïte'n, wenk jää'y pën nayïte'n mëët kyaytë y'uuktë jïts mëët kyäjpxtë myatyä'äktë. Ka'p ja yää'tyëjk myatyäkjotkëxtë. Të ëëts ja kafwee nyïkta'awänï, ja'ts ëëts n'ukpy nay ännïm jajp ne'ey uujk'ii'nyjëtpy. Jo'kx tsajpkaaky ëëts nayïte'n nkaapy. Npatunpy ëëts tuki'iyï jïts ëëts ja npä'äknëëj n'uuky ku ja' jë jya' t'uuktë. Kuwänï tyïkëëk kä'pxt, jate'n ja kutujkïn. Jate'nts ja axënk tsyoo'ntä'äky. Jëjktsy tojkx yuu'nk tojkx. Tum ja ääy ja ujts tunkpätp miti' jam kämjotp yonp. Jate'nyï

ja tsi'ipy yyïk'ëky mëët jë kaaky, kë' ja'yï tunkpätkojp.
Yïkmëëpy ëëts jë tutu'uty kë' jïts ëëts ja' amääy nnïtsiky.
Niiywïnjääxy ja äjkx të'ëts mëët yyïkjii'kxy. Jii'kxy miti'
majääw mëëpy jïts yyïktatuu'yë'ëty. Jii'kxy miti' majääw
mëëpy jïts jë mëjknëëj. Të ëëts nnay'a'ejxïnïyï jïts ëëts
kojpkpätpë nnëjkxnït. Tyimy tsuj ja xëëw kyujäjy yä'ätpë
julio po' kujkwa'kxy. Patëjkïp ëëts. Jotmëny japom wïxëjkp
ku yä'ät tuu'yë'ëky wïnaty të nyiyyïkjää'tyïkëënyï ja'yï ëëts
njää'myatst: ku ëëts yïkxon jëjktsyïm nkay n'uuky ja'pë xëëw
ja'pë po' ku ja jumëjt kyujkwa'kxy ku ëëts ntuu'yë'ëwyä'äny
mëët ja jää'y miti' ja yukjotpït ayuujk kyäjpxtëp.

Carmen, ja jää'y awänäxjuu'tpë

Tëts ëëts ja' n'ejxnï. Të ëëts ja' nayïte'n jë y'awänäx
njuuty jawyeen jïts ëëts tsë'ejkïpïm xnïmetsy jïts ja pujx
awänäxjuu'tpë t'amïtëy. Carmen ja' xyëëw. Tëts ja' jyawïnpity
jïts ja tyääk t'atsyïktiy wïnääk jïte'n ja' jë jyumëjt. Makoxkïk
të t'apety, jate'n tnïkajpxy ku myajtskojmï, mëjkxajpnïm ku
pyujtwïtity. Makoxkts ja' jë jyumëjt jïts myïtu'uk'oojknïn
y'atskojpkpääty. Tïkëëk oorï'an ja tuu'yë'ëky. Patëjkïp
ëëts. Atsumy ja Carmen jë wyääy tmïyë'ëyy, mutsk ja kyë',
mëët jë xyëëky jaaktyimy mutsk, jïts ja xyi'iky tsujkonï,
nnaytawïnkukoo'nïyïp ja awänäxjuu'tpë. Jyuu'tpy tu'uk ja
awänäx jïts jatyï jatu'uk. Jïts tjuu't'ati'itsy. Ka' y'amë'ëty. Ka'
jyäwï y'ëë'yxïyï y'amo'ott. Kawïnääk ja etjoojt jë y'awänäx
tjuuty kunïm ëëts x'ejxwïnpity jïts jë n'awänäx tjuuty.
Ats'awejxp jïts jate'n tsujkonï xyi'iky, wïnetts ja awänäx
tjuu'tkojmï. Myïkajpxpy ja tyeety; kuyïts ja' y'ejxwïnpity
jatyï ja y'awänäx tjuuty, jïts jate'n akojnaxy tyany tii ja
tyeety wïnet tyunpy. Awänäx ja mutsk kiixy jyuu'tpy ku
ja mëjteety tnïmatyä'äky kuïk majää'ynï ja wä'äky miti'
ëëts jaayï nwïn'ijxpy. Nay ja' ja mutsk kiixy tyunpy ku ja
mëjtääk tnïkäjpxmï kuïk jam et mää ëëts jam ntanï ja wïtsuk

kyä'ätë jïts kyuy'ättë. Ja mutsk kiixy iiy ëy jyuutp ja tyääk jë y'awänäx; ïjxmuk xëxy; oo'xp ja y'ïjxmuk jïts pijy wëëxy, miti'ya'am ja xaam të'ëxy wyet nyääm'äjttëp japom japom. Jantsy jää'myetsyïm ja awänäx tjuuty ku ja të'ëxyëjk jïts ja yää'tyëjk pyoo'kxtïnïm jïts nyaywejtsä'äkyïyïtë miiykijxy, jantsy ka' tii pawïnmayïm. Nëmu'utjëtpy ja' kyu'ejxï jïts jë kyë'm awänäx tjuutwä'äny ku jajp nyay'ejxpäätyïyï. Të ëëts jajp nëmu'utjëtpy n'uuky, ja nkë' ëëts ja nëëj ntajää'xpïtsimpy jïts jate'n ja kojpk nëëj ja nne'kx ttatëkï. Awänäxjuu'tpë jää'y yë' y'ëtt, nëmp ëëts mëjk'ampy jotmëny ja jujky'äjtïn jate'n ttanïpääty. Kyïmjapom ux, ku myïmajtsk xëëw yyïkxëtuny ja ee'px xëëw, nyïmatyä'äkp ja mëjktääk, tyukmato'op tu'uk jatu'uk ja myïku'uk sää ja Carmen ja awänäxjuu'tpë ojts tnïxäjï, ka' ttyimymïtsë'ëkï. Awänäxjuu'tpë jää'y yë' y'etwä'äny nëmp ja mëëjtääk kyë'm ayuujk, ja ayuujk miti' ëëts ka' nkajpxpy jïts ëëts ja'yï wäänjaty n'atsnïmatëy.

KEEY WÏN'EJXK

Ka'p ëëts nwïn'ijxy, uk ja'yï ëëts keey nwïn'ijxy. Jantsy ka'p ëëts nnïjäwï mää ëëts jïte'n nwïn'ejxt. Jäjts ëëts ja nween jyïtijtpy, jïts ja pujx awänäx tyïkwïnpity. Tum jajp ja' kupäjkjëtpy tyuu'yë'ëyy. Ma'ajkïnp jïts jaayï nka'atsma'akwäänyïn. Kutsë'ëkï jyäwï sääjaty nwantuu'nyïn. Ïxats jïte'n ja wäntäjkïn tyuu'yë'ëyy. Ja wäntääjkïn mää ja tutk jïts ja na'ääw nyajxkïtä'äky. Ja wäntääjkïn miti' ja mutsk mijxy yyïktamïyojxp. Tu'uk ja wäntä'äky. Tu'uk ja pëjktsoo'ïn. Ee'px xëëw yä et näxwii'ny. Ja et näxwii'ny, ja ääy ja ujts. ¿Apiky ëëts jïte'n nwïn'ejxt? Jäjtäkp, të tyutujk yäxnï, oo'kp ja tutk, oo'kp ja na'ääw jïts ja jää'y kyäjpxä'äktë jïts myatä'äktë. Mutsk tëjkjïyujk, xuu'ktëpnïm. Päjkmëët. ¿Ëy ëëts nwïn'ejxt? Jam nääjxkëjxp tu'uk jë mëj pejk kipy kukoj. Jam jë kupijy të yyïktanakëny ja wïntsë'ëjk'ii'ny, nay jam jë poop pijy. Tu'uk ja nteety'äjtïm krus tsumy jë y'awänäx jam tsujxk pëtsywenp natyu'uk kyutiyï, tëë'kxpïm ja' ja kyipynawop. Yë'ts ëëts jïte'n nmatëëpy, ku ja jää'y kyäjpxtë myatyä'äktë, yïkjotkukïp ja'. Yë'ts jïte'n ja käjpxääjkïn. Jam kipykukojkëjxp ja yëjk jïts ja tsäjpts tutk jë kyupäjk mëët ja na'ääw kupäjk kyonnaanyï. Ëytam jïte'n ja matsyet amënyï tyu'nt. Kamupikyïmjyäwïkutu'ukjëjää'yyiijy'ampyjëmatsyet tyïktuny, ja'yï ttsajpkäjpkëjy jïts atsu'ujkyï tyïknajxkïtäkkojmï jïts ni ka' mëjk wyïnä'äny. Tyimy waanjatyts ja jïjujk iiy y'ats'amontë jïts tuki'iyï y'atsmonkixy. Xuu'kp ja ni'ijpy, jemy xuu'kpnïm sää ja ujts tsä'äm jam kipykëjxp. Apojp ja pä'äknëëj miti' të yyïktamtä'äky jam tutknïkëjxp. Ja mëjknëëj xuu'kp. Ja yukjotpït ayuujk yyïkkäjpxp. Npatsëmpkëxp ëëts ja tutk jïts ja na'ääw ëëky xyätïjëtpy jïts ëëts ja' kojpkkëxjp n'atsmïpïtsë'mt, jampäät mää ja pujx krus jam kojpkkupäjkp. Wïntsë'ëkï ja Yïkjujky'äjtpë. Njaakyïknaxkïtä'äkp ëëts ja tutk jïts jatu'uk jë na'ääw jam kojpkkëjxp. Moo'tpïm ja poj. Nuko tsuj ja xëëw kyukï julio po' kujkwa'kxy. Ka'nïmts ëëts nnïjäwï mää ëëts jïte'n nwïn'ejxt. Ja'yï ëëts iiy keey nwïn'ijxy niyjakam, ka'p ëëts jate'n kë'm njatanïpääty. Ëëts yä'ät ja nwäntääjkïn. Mëët ja tutkpëjk ëëts ja n'amïtoo'ïn npëjktsoo'ïn nyaypikyïyï, ja pëjk miti' ëëts tu'ukjaty npëjkïp ja tutk ëëky. Kuts ja xëëw jyajxnït jïts ëëts nwïnpejtnït käjpjotp, jam ëëts ja' ayëny kaapyajtkëjxp nwïntsëënït jïts ëëts ja' tsu'tsnït − ja tyeky, ja kyatsy, ja pyuuy − jëjktsy jïts nekïm tojkxjëtpy: ajkxäj, miny jïts jë xëjk'oo' mëët jë niiyme'ey jë'ëy. Pïnuuky ka'apy ëëts nayïte'n, tutä'äky ëëts ja' nnïkajt jïts ja mojk ääy wyïnäkt miti' ja' mïween'ampy jïts ayëny'ampy të yyïktanïpity. Pä'äknëëj uukp ëëts nayïte'n miti' jajp ne'ey uujk'ii'nyjëtpy yyïk'ataa'mïp jïts jë jitsy yyïktakukëny. Njätpnïm ëëts jë nkë'ja'yï ntaka'aty.

JA TA'ËY'ÄJTÏN

Kajaa ëëts ja kojpk xmë'ëy. Ja kojpk miti' ejtp yyïk'ejxp sää tu'uk jë uujk'ii'ny kuwïnäk kyonï jajp awänäxjëtpy miti' jaayïp ku nika'nïm ja amïxän jää'y jyä'ättë Nëwemp; nëëj ëëts ja' xmëëpy tyimy jawyeen. Kom kom ëëts ja' jajpyï nëmu'utjëtpy n'ukkëjy miti' ëëts muum npatpy ku ëëts nwïnpejtnï. Moo'tp ja kox. Ja tekypäjk. Kawïnääk'oojk ëëts n'atsjajxkji'iky ku ja tuu' nuko wïnwïnäk, yïkxonts ëëts njawä'kjënï jïts ëëts njaakyë'ëkyëjy. Kajaa ëëts ja kojpk xmë'ëy. Pijy ëëts ja' xmëëpy; may'ampy ja pijy. Tsuu'nk pijy miti' ja tyeky tiiy jïts majpxy, tsujkonï pyijy. Ku ëëts njaakyë'ëkyïtä'äky muum ëëts ja kopjk xmë'ëy jë mutsk tsääjts miti' ëëts nkonmujkpy jïts ëëts ja' nyïkwä'ätsy jïts ja' wïnaty apiky yyïknepkojmït. Kipy awäj ëëts ja' xmëëpy, xoj awäj uk jë tseen awäj miti' ëëts ja matsyet ntawïpëë'tpy; yïkxon ëëts ja' ntsajts'ëyï jïts ëëts jë neejp nyïkpïtsimy – Tunpajt miti' jam kämjotp tyimy tunkpätp. Ja kojpk miti' ëëts xputëkïp pïnë tyanïpatpy jate'n, sää ëëts ojts nyïknëëjmï, ïxaa ëëts xputëkï mëët yä'ät ta'ëy'äjtïn. Yujkxajp ëëts jïts ëëts njaxajpïtsëmkojmï, jïts y'ats'amë'ëty. Taya'ajkïp ëëts ja nkatsy. Jäj ëëts yë nween pyëjkmujkpy. Nääjxkijxy ëëts nnaykë'ëkyïyï, tuki'iyï ëëts ja njëxk nyaypäätyïyï mëët ja nääjx. Tuki'iyï ëëts ja 33 njïkuuts päjk yïkxon yatyï tyej'ëyï jïts ja nääjx jatyï t'ejxtany. Jeky yïkmïtää'nï ku ja tsäjp n'ejxïnt.

AMATYÄ'ÄK JÄÄ'Y

Niy jaa febrero jïts junio po' ku ja jumëjt y'apety 1995, ojts ja tyimy ejxkapy nëwempït jaapyë, Juan Rulfo ja Wäjkwempït tun kojpk t'ayë'ëyy; mëët ja' ja jää'y awänäxjuu'tpë Walter Reuter ja Xaamkëjxpït ajtsk ja jyää'majtspajt t'atsyïkpïtsëmwä'äntë, nay ja'pë käjp mää ja Tum kyaxë'ëjk kyïwïxijkxymajktäxujk jumëjt. Pujxjëtpy ja' yë'ëtyëë, kuts ja mëj tuu' ojts jëpkëjxnï, jatsyu' ja' ojts pyatsimyïyïtë jïts jyaaktuu'yë'ëkyojtë. Nayïte'n ja' ojts kajaa tekyjë'm yyë'ëtyë. Nïtu'uk ja'yï ojts myajatä'äky jïts jam Ii'pxyukpït kojpk y'atspïtsë'mt, ja Rulfo ojts myajatä'äky, tu'uk jë täjk

241

ojts tyuu'wayïyï – tu'uk jë kukäjp ejxy'ejtpë. Nayïte'n sää ja
Carmen kyïwïxijkxymajktäxujk jumëjt, mää ja jujky'äjtïn
ka' ojts t'uk'ejxkäpnïtë, may ojts jë awänäx tjuuttë tiijaty
ja' y'ejxtëë. Ja et näxwii'ny ja' mäsï jyuu'ttëë. Ja näxyoots.
Ja mutsk unä'äjk jïts ja të'ëxyëjk amä'ät. Ja të'ëxyëjk jam
kajts'ääw tsyëënïtë uk jam kyämtuntë, kujuuxy ja'të jïts
ja xë'än ka'p ëy tysä'ïyïtët. Tsuj ja yoots nyajxkïtä'äky
ujtskijxy uk tëjkkijxy. Ja ajtspë mëët ja wyïnjup. Ja xuxpë
mëët ja xyuujx. Nimääts jïte'n kyakaxi'iky sää ja ayuujk
jää'y xye'ektë. Jajp awänäxjëtpy miti' ja Rulfo ojts tjuuty,
wyïn'ejxtëp ja të'ëxyëjk ja jää'y awänäxjuu'tpë jaayï nuko
twïn'ejxtë tku'ejxtë jïts jayï jyäwï y'ats'atsë'ëkïyïtë, juunjaty
ma'uu'pyïm, ja'yï ka' jyäwï mëët nyaypikyïyï ja jää'y miti'
ja awänäx jyuu'tpy. Ka'ts ja' tmëjpïktä'äktë mää jïte'n ja'të
–mëjkamëj, wijy kejy, mïtuntïkëëpyë- ja Walter Benjamin
ja' jë y'atsu'ujkyï jäj kuno'ojkïyïp. Ka' jajp pën myatyä'äky
awänäxjëtpy. Wä'äts nïjäwïts ja' ku ja Rulfo ttyimy'ëyjäwï
ja ayuujk jää'y jïts juunjaty mëjk'ampy tkupëky. Ejxïm tijy
tu'uk'oojk ku jam tunjotpït käjp kyukootsïtë, awä'än'ampy ja
Rulfo ttamatsy ja Reuter ku ja' ka' tii ttyimytunk'aty. "Mtuk
mejts Nazi iiy" nëë'mïk ja jaapyë. "Tïkëëk uk maktäxk
xëëwts yë jää'y të yyë'ëyy jïts yää jyä'ttët, jïts mejts yë' iiy
jë y'awänäx xjuutt, jïts mejts jam ja'yï mxutnï", nyïmää'y ja'
ja jää'y awänäxjuu'tpë jïts tu'uk jë coca-cola tu'ujts tawä'äts
ttawïkä'äjts. Tyimy jajate'nï, ëy jïte'n ja Rulfo ijty ttyimy
ja'ëyjäwï uk mëjk'ampy ttyimy jamïku'ukjäwï ja ayuujk
jää'y, ka'p ojts nimää tyany ja awänäx mää ja jää'y kyäjpxtë
myatyä'äktë, ku ja ääw nyaywa'kxyïyï jïts y'ayuujkpääty, ku
ja yukjotpït ayuujk pyïtsimy, ja ataam tjixy, wïnetts ja ääw
ayuujk wyïnä'äny jïts pyojwa'kxy ujtsjëtpy jïts jajp tyany.
"Amatyä'äk jää'yts yë'të", nëmp ëëts ku ëëts jajp pujxjëtpy
amukï nyë'ëyy. Ka'ts ja' myatyäk'amo'ottë ku ja ajop
nyäjx jïts jyaakmatyä'äktë kuyï ëëts ntsoo'nnï tëjkjotp jam
Xaamkëjxp jïts kunïm ëëts ja kojpk npatwä'äkï jïts nayïte'n
tuktuu'. Ka'ts ëëts nnïmatëy sää jïte'n ja' wyä'äntë, yiin

waan ëëts ja ääw ayuujk n'atsnïmatëy. Ejxïm jë Alcohol. Uk Costa Azul, tu'uk ja xuxpë wojppë jë xyëëw miti' tyimyyïknï'ajtsp. Ja xeejkïn ëëts iiy wä'äts nnïmatëëpy, ku ja' yïkxon y'atstsapxe'ektë, ja'ts jïte'n ja kajpxy matyä'äky yyïkjëjktsyïp, yäm ëëts n'atsxäjtiiy jïts ëëts njapäätwä'äny ja xoj'ääy miti' ëëts nwïnajxpy.

MÄÄ JA WÄNTÄÄJKÏN YYÏKPÏKTÄ'ÄKY

Ja'yïk ja xëpätpë jyä'äty xë'ejxpë ku twïn'ejxwä'äny sää ja xëtunpë jyotkixy, nëmp ja Valere Novarina. Jate'nts ja xëtunpë ja jantsy'äjtïn uk ja ka'pxy'äjtïn ttpäättë ku ja nye'kx jyotkixy. Tu'ukyïts ja wïnmää'ny ja'yï tyuu'yë'ëyy määjaty ja xëëw nyaxy tu'uk jatu'uk. Ëy otiits yyïknïkäjpxwä'äny. ¿Pën ëëts x'ats'ejxp ku ëëts ja tun ja kojpk nnïpatëkï, ku ëëts xajpïtsëmp jam kojpkkupäjkp njä'äty jïts ëëts ja'yï niyjakamyï n'ijxy sää ja tëjkjïyujk yyïkwïntsë'ëjkïn'aty? ¿Pën ëëts jïte'n ja wyeen xwïn'ejxp, ëy jaayï puki'ijy uk ëy jakam jïxkë'm, ku ëëts njotkëjxpa'ooknï jïts ëëts ja mupejkïn xtatëjkïynï? ¿Pënkëjxp ëëts jïte'n yä'ät wäntääjkïn ntuny, ku ja tunk pëjkk tyuu'yë'ëyy jïts ja wïnmää'ny yyïkpïktä'äky wïnpity atijy jïts jate'n jïnëjkx ttanaxy ja et ja nääjx ja xëëw ja jumëjt? ¿Ka'p jïte'n yë' tii wyä'äny? ¿Ëëtskëjxp jïte'n yë' ja'yï, pënjaty ëëts yäm nïwaanï të n'ayë'ëmyuky, ku ja tekyween yïkxon tyimyjanayjixyïyï mëët ja nääjx, jïts njaakyë'ëkyëjy yä'ätpë julio po' kujkwa'kxy ku tsujkonï jyäjtäky? ¿Ja tuu'yë'ëkykëjxp jïte'n yë' ja'yï? ¿Nne'kxkëjxp jïte'n yë', uk ja nkatsy, uk ja nxejytëjk, uk ja 33 njïkuuts päjk? Jotkëjxp ëëts, jujky'äjtïnkëjxp, ka' o'ojkïnkëjxp. Jotkëjxp ëëts, wïntsë'ëjkïnkëjxp, ka' oo'kwïnpejtïnkëjxp.

JA KANATYU'UK'ÄJTÏN

Ka'ts jam kojpkkëjxp jë natyu'uk'äjtïn tee. ¿Nïwïnääk ja të'ëxyëjk uk ja yää'tyëjk yä'ät tuu' të tkuyë'ënyïtë, ku yä'ät tuu' tyïk'awä'ätstë, ku yä'ät tuu' tyïk'ëyïtë, yäm ëëts ja nkë'ëk ntawä'äkïnïm jïts ëëts nyë'ëtyëkï? Jekyïp yä'ät tuu'yë'yïn ja nyïmatyä'äky tsyoo'ntäknï, jaayïp ku ja kontoy, pën ja ayuujk jää'y nyïtanaapy, ojts ja änk tpääty jam kojpkëjxp mää ojts nyaypëjkji'ikyïyï. Jam ojts ja tsyaatsyï tyïktsë'ëky jïts ojts myëjkpiky. Yïkxon ja kojpk ja' ojts y'exy'ityïyï – Mää ja' ojts kyaxi'iky tutu'utyjëtpy mëët ja y'utsy. Tëts ja kojpk ja' wïnaty jate'n ttanïpääty. Amee'tsykyï ëëts ja xoj xwïn'ijxy ku ëëts ja' nwïnaxy; nayïte'n ja tseen. Tëjknïkoj ëëts jyawï npajtnajxpy ku ja y'awäj tnïweettë. Jakamnïn ja yoots, xwïn'ejxp ëëts ja' nayïte'n. Ja mux, ja tsimy mëët ja tyëmt jam y'ääyjëp'äm, ja poop pijy, ja yukxïkuk; ja' ëëts tuki'iyï xwïn'ejxp. Jaats ijty jekyïnïp jë jujky'äjtïn nï'ïjxpëjkpë, jaak'ettëpnïmts ja', nnïjää'wïpts ëëts ja'. Ku ja kopjkpätk të kyä'pxnï, ku ja wïntsë'ëjk'ii'ny të yyïkpïktäknï jïts kunïm ëëts jë mëj tsääj npääty mää nïtuki'iyï ja kopjkpätpë pyoo'kxtët, wïnetnïmts ëëts npëë'kxy. Nkäjpxpëë'kxpy ëëts pënjaty jam atskojpkpättëp. Mëët ëëts ja' nkonwa'kxy ja mi'iky jïts ja mëjknëëj jïts ja mëjteety pën ojts ja wäntääjkïn tyïktuu'yë'ëyy ja y'ääw y'ayuujk tpïktä'äkty. Ja yää'tyëjk ja kyujup tkatskë'ëtë. Tiiyï ëëts ntanï jïts ja nkë' wïnki'ijy n'akonmuky. Ëëts ja njotmay. Ja nwäntäjkïn. Ja tunk ja pëjkk. Ja' ja mëjteety nyïmatyakpy. Tiikëjxp ëëts yää. Tu'uk jatu'uk tnïmatyä'äky. Jeky ja y'ääw y'ayuujk tpïktä'äky, tsuj ja' yyïkmatëy. Yë'ts jïte'n ja yukjotpït ayuujk. Ja të'ëxyëjk jyuu'ttëp ja kaaky jïts tkonwä'kxtë. Ja mi'iky. Ja tutu'uty kë'. Ja pä'äknëëj mutsk xetk uujk'ii'nyjëtpy. Wïnetnïmts ja mëjknëëj. Jam ja Carmen muum pyujtwïtity, muum kipykëjxp y'atspatwä'äny jïts jaayï tmastutkojmï. Kawïnääkjëëjp ëëts ja jii'kxy ja nëëj xmë'ëy pën jam nayïte'n kopjkpättëp. Kaaky yyïkkonwä'kxp, nayïte'n ja

---

ääw ayuujk, yë'ts ëëts jïte'n ïxaa ntunpy. Nuko xeeyää ja
jää'y kyäjpxtë myatyä'ktë mëjk'ampy. Niyjawaantëkï ëëts
jam nxekmujknï jïts jate'n ja nayjamyëët'äti tyuu'yë'ëyy.
Nuko tsuj yä'ätpë tominkï xëëw. Änp. Wïnwä'äts. Jam ja
yoots jakam kyïputy. "Yë'ts jïte'n nkanaytaputëjkïyï'änp",
jate'n tu'uk'oojk wyä'äny ja tsujjaapyë Claudia Rankine, ku
ja' tjanïmatyä'äkwä'äny ja natyu'uk'äjtïn.

Yä'äts jïte'n kanatyu'uk'äjtïn.

Yä'äts jïte'n tu'uk jatu'uk nnaytaputëjkïyï'anp. Yë' ëëts
të nnaytaputëkïyï.

como que se van las voces.

Como que se pierde su ruido. Como que

se ahogan

Esta obra se terminó de imprimir
en el mes de junio de 2024,
en los talleres de Litográfica Ingramex S.A de C.V.,
Ciudad de México.